DESIGN DE LIVROS
*DOS FUNDAMENTOS
AO PROJETO GRÁFICO*

ÁKpxd

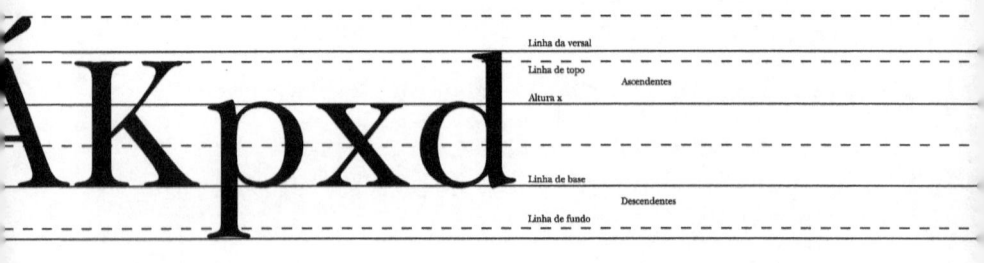

Linha da versal
Linha de topo
Ascendentes
Altura x
Linha de base
Descendentes
Linha de fundo

*

DESIGN DE LIVROS
DOS FUNDAMENTOS AO PROJETO GRÁFICO

Bruno Palma e Silva

inter saberes

inter saberes

Rua Clara Vendramin, 58 . Mossunguê . CEP 81200-170 . Curitiba . PR . Brasil
Fone: (41) 2106-4170 . www.intersaberes.com . editora@intersaberes.com

Conselho editorial
Dr. Alexandre Coutinho Pagliarini
Dr.ª Elena Godoy
Dr. Neri dos Santos
Dr. Ulf Gregor Baranow

Editora-chefe
Lindsay Azambuja

Gerente editorial
Ariadne Nunes Wenger

Assistente editorial
Daniela Viroli Pereira Pinto

Preparação de originais
Palavra Arteira Edição e Revisão de Textos

Edição de texto
Caroline Rabelo Gomes
Larissa Carolina de Andrade
Schirley Horácio de Gois Hartmann

Capa
Iná Trigo (*design*)
Anastasiya Bleskina/Shutterstock (imagens)

Projeto gráfico
Bruno Palma e Silva

Diagramação
Rafael Ramos Zanellato

Designer responsável
Iná Trigo

Iconografia
Maria Elisa Sonda
Regina Claudia Cruz Prestes

Dados Internacionais de Catalogação na Publicação (CIP)
(Câmara Brasileira do Livro, SP, Brasil)

Silva, Bruno Palma e
   Design de livros: dos fundamentos ao projeto gráfico/Bruno Palma e Silva. Curitiba: InterSaberes, 2022.

   Bibliografia.
   ISBN 978-65-5517-339-0

   1. Impressão 2. Livros – Design 3. Livros – Diagramação 4. Projeto gráfico (Tipografia) I. Título.

21-87105   CDD-686

Índices para catálogo sistemático:

1. Livros: Design: Criação e produção de livros   686

Cibele Maria Dias – Bibliotecária – CRB-8/9427

1ª edição, 2022.
Foi feito o depósito legal.
Informamos que é de inteira responsabilidade do autor a emissão de conceitos.
Nenhuma parte desta publicação poderá ser reproduzida por qualquer meio ou forma sem a prévia autorização da Editora InterSaberes.
A violação dos direitos autorais é crime estabelecido na Lei n. 9.610/1998 e punido pelo art. 184 do Código Penal.

SUMÁRIO

Apresentação **12**
Como aproveitar ao máximo este livro **16**
Introdução **22**

1 **O livro, uma longa história** **28**
  1.1 A invenção da escrita **29**
  1.2 Os copistas e os primeiros livros **34**
  1.3 A imprensa na Europa **37**
  1.4 A Revolução Industrial **40**
  1.5 O século XX **44**
  1.6 A era da informação, o *e-book* e o que pode vir depois **47**
  1.7 E no Brasil? **50**

2 **Elementos básicos da comunicação visual** **60**
  2.1 O que é um elemento básico da comunicação visual? **61**
  2.2 Princípios dos elementos visuais **63**
  2.3 Os cânones modernistas **74**
  2.4 Elementos visuais básicos na era digital **82**

3 **Composição e *layout*** 92

    3.1 Princípios de design **93**

    3.2 Tipografia **100**

    3.3 Cor **116**

    3.4 Imagem **119**

    3.5 Hierarquia **122**

    3.6 Espaços em branco e simplicidade **125**

    3.7 *Layout* **127**

4 **Grid** 136

    4.1 O que é *grid*? **137**

    4.2 Anatomia do *grid* **140**

    4.3 Tipos de *grid* **143**

    4.4 Construindo *grids* **153**

    4.5 *Grid* para projetos digitais **163**

5 **Diagramação** 180

    5.1 Visão geral da diagramação **181**

    5.2 Escolha e uso de fontes **182**

    5.3 Boas práticas, padronização e revisão **194**

6 **Projeto gráfico** 204

    6.1 O que é o projeto gráfico? **205**

    6.2 Anatomia do livro **207**

    6.3 Direcionando o trabalho **211**

    6.4 Formatos e papéis **220**

    6.5 Materiais didáticos e paradidáticos **225**

    6.6 O designer no mundo editorial **236**

Considerações finais **246**
Glossário **250**
Referências **266**
Respostas **274**
Sobre o autor **278**

Para Letícia.

Muito obrigado ao meu pai, que certa tarde, depois da escola, fez um convite – "Filho, quer começar a trabalhar?" –, me apresentou como menor aprendiz numa gráfica e me abriu um novo mundo (mal sabia ele). À Letícia, que acha lindo tudo o que faço, e ao Fábio, o único que tem a sinceridade de falar "Não ficou tão bom, pai". À Lindsay, que me confiou o primeiro projeto gráfico e, anos depois, me convidou a escrever este livro. À Tabatha e ao Álvaro, que, além da amizade, dividem comigo também seus conhecimentos de pedagogia e história. E a você, minha colega, meu colega designer, pela companhia na jornada. Convenhamos, o mundo seria menos bonito sem a gente.

APRESENTAÇÃO

O propósito deste livro é apresentar os fundamentos do design envolvidos na construção de um livro, bem como traçar os caminhos que conduziram à definição desses fundamentos. Designers de livros encontrarão aqui conceitos e reflexões que auxiliarão na criação e na execução de um projeto gráfico. Outros profissionais do meio editorial, como autores, editores, preparadores e revisores, poderão utilizar este material como uma introdução ao tema, que lhes permitirá comunicar ao designer seus anseios quanto à obra, de modo a conciliar conciliar as perspectivas e os esforços de todos.

Buscamos organizar os temas numa ordem crescente, partindo dos aspectos mais elementares envolvidos na composição de um livro até chegarmos ao projeto gráfico, que abrange tudo o que diz respeito à composição, ao *layout*, à diagramação e aos acabamentos do livro.

Antes, contudo, de abordarmos esses conteúdos, apresentamos brevemente, no Capítulo 1, a história do design de livros, a fim de evidenciar que a forma dos livros que lemos hoje, sejam impressos, sejam digitais, é o resultado de um longo caminho percorrido pela humanidade.

Em seguida, os Capítulos 2, 3 e 4 expõem alguns dos fundamentos do design e das artes visuais que, uma vez compreendidos, ajudam a criar um bom projeto editorial. O Capítulo 2 trata dos elementos básicos que formam e reforçam qualquer discurso visual; o Capítulo 3, de princípios do design aplicados no *layout*, bem como de detalhes de composição dos livros; e o Capítulo 4, do *grid*, ferramenta indispensável na construção de boas páginas.

Os últimos capítulos têm como foco assuntos mais práticos do dia a dia dos designers de livros. No Capítulo 5, discutimos alguns dos "problemas" que a diagramação precisa resolver. Por sua vez, no Capítulo 6, tratamos do projeto gráfico editorial, refletimos sobre a relação do designer com o mundo editorial e destacamos alguns aspectos específicos dos materiais didáticos.

Ao final da obra, apresentamos um glossário com vários termos editoriais, gráficos e de design empregados neste nosso estudo e, de modo geral, encontrados no cotidiano de quem trabalha com livros e materiais didáticos.

COMO APROVEITAR AO MÁXIMO ESTE LIVRO

Empregamos nesta obra recursos que visam enriquecer seu aprendizado, facilitar a compreensão dos conteúdos e tornar a leitura mais dinâmica. Conheça a seguir cada uma dessas ferramentas e saiba como estão distribuídas no decorrer deste livro para bem aproveitá-las.

CONTEÚDOS DO CAPÍTULO:
Logo na abertura do capítulo, relacionamos os conteúdos que nele serão abordados.

APÓS O ESTUDO DESTE CAPÍTULO, VOCÊ SERÁ CAPAZ DE:
Antes de iniciarmos nossa abordagem, listamos as habilidades trabalhadas no capítulo e os conhecimentos que você assimilará no decorrer do texto.

CURIOSIDADE

Nestes boxes, apresentamos informações complementares e interessantes relacionadas aos assuntos expostos no capítulo.

IMPORTANTE!

Algumas das informações centrais para a compreensão da obra aparecem nesta seção. Aproveite para refletir sobre os conteúdos apresentados.

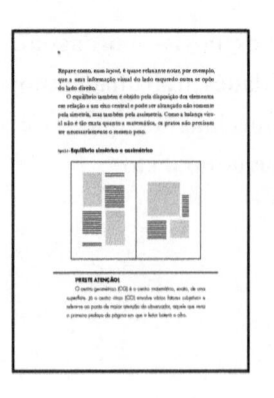

PRESTE ATENÇÃO!

Apresentamos informações complementares a respeito do assunto que está sendo tratado.

ESTUDO DE CASO

Nesta seção, relatamos situações reais ou fictícias que articulam a perspectiva teórica e o contexto prático da área de conhecimento ou do campo profissional em foco, com o propósito de levá-lo a analisar tais problemáticas e a buscar soluções.

PARA SABER MAIS

Sugerimos a leitura de diferentes conteúdos digitais e impressos para que você aprofunde sua aprendizagem e siga buscando conhecimento.

SÍNTESE

Ao final de cada capítulo, relacionamos as principais informações nele abordadas a fim de que você avalie as conclusões a que chegou, confirmando-as ou redefinindo-as.

QUESTÕES PARA REVISÃO

Ao realizar estas atividades, você poderá rever os principais conceitos analisados. Ao final do livro, disponibilizamos as respostas às questões para a verificação de sua aprendizagem.

QUESTÕES PARA REFLEXÃO

Ao propor estas questões, pretendemos estimular sua reflexão crítica sobre temas que ampliam a discussão dos conteúdos tratados no capítulo, contemplando ideias e experiências que podem ser compartilhadas com seus pares.

INTRODUÇÃO

INTRODUÇÃO

Numa entrevista, o argentino Jorge Luis Borges – que dedicou a vida aos livros não só como escritor, mas como tradutor, bibliófilo, professor e conferencista – disse que "a tarefa da arte é esta: é transformar, digamos, o que nos ocorre continuamente, transformá-lo em símbolos, transformá-lo em música, transformar em algo que possa perdurar na memória dos homens" (Borges, 1976, tradução nossa).

Somente nesta introdução, deixemos de lado a antiga discussão sobre a diferença entre design e arte para pensar na essência dessa fala.

Transformar o que vivemos em algo que perdure: o autor certamente já fez a parte dele e, agora, precisa de ajuda para que sua mensagem chegue, ainda mais potencializada, às pessoas.

A música está um pouco fora de nosso alcance – a menos que você, diferente de mim, tenha sido agraciado com esse dom, o que me dá uma pontinha de inveja. Quero, então, pensar um pouco sobre outras duas palavras da fala de Borges que estão mais no domínio do design: **símbolos** e **memória**.

Símbolo é a representação concreta de algo abstrato. É aquilo de que, de certa maneira, os designers se ocupam todos os dias: exteriorizar visualmente conceitos, ideias, sensações.

Quanto à memória, para designers – especialmente para designers de materiais didáticos –, trata-se de um ponto crucial. É óbvio que quem lê não se lembrará, conscientemente, de cada página, de cada palavra de um texto. Porém, ao final da leitura, o bom design terá contribuído para que a mensagem geral, a grande intenção do autor, tenha sido – ou não – passada adiante.

É como as refeições que nossas mães preparavam quando éramos crianças. Não lembramos o que foi servido em cada uma delas, no entanto temos uma memória do todo, guardamos alguns dias especiais e sabemos que essas benditas refeições é que nos nutriram e permitiram crescer. O bom design ajuda o livro nessa missão.

Borges finalizou sua fala na entrevista externando um sentimento que todo designer também experimenta em relação à sua tarefa profissional: "temos que cumprir com ela, senão nos sentimos muito infelizes" (Borges, 1976, tradução nossa).

Desejo, assim, que você encontre a felicidade de cumprir com a tarefa do designer de livros: fazer com que as palavras do autor toquem o leitor. Ficarei de minha parte feliz se este pequeno estudo puder contribuir um pouco com isso.

Branko Devic/Shutterstock

CAPÍTULO 1

O LIVRO, UMA LONGA HISTÓRIA

CONTEÚDOS DO CAPÍTULO:
- A invenção da escrita.
- A produção dos primeiros livros e o trabalho dos copistas.
- A imprensa na Europa.
- A Revolução Industrial e o design.
- A evolução do design.
- O *e-book* e o futuro do livro.
- O mercado de livros Brasil.

APÓS O ESTUDO DESTE CAPÍTULO, VOCÊ SERÁ CAPAZ DE:
1. identificar os principais fatos históricos que marcaram o design de livros, desde a invenção da escrita até o surgimento dos *e-books*.

1.1 **A invenção da escrita**

Os designers de livros são herdeiros de uma longa tradição. Hoje eles têm teclados e *mouses* nas mãos, mas já trabalharam com cunhas e martelos, já se sujaram muito de tinta e já receberam outros nomes que não *designers*.

A história dos livros pode ter começado dezenas de milhares de anos atrás, período em que foram desenhados, na África, os mais antigos traços já encontrados. Com o passar do tempo e a evolução de nossos antepassados, pinturas cada vez mais elaboradas foram sendo deixadas por todos os cantos do mundo.

Philip Meggs e Alston W. Purvis, historiadores do design, observam que esses primeiros registros estavam mais próximos da comunicação – e do design, portanto – do que da arte:

> Esse não foi o começo da arte, como a conhecemos. Foi, mais precisamente, a alvorada das comunicações visuais, porque essas primeiras figuras foram feitas para sobrevivência e com fins utilitários e ritualísticos. [...]
>
> Sinais geométricos abstratos, como pontos, quadrados e outras configurações, se entremesclam com os animais em muitas pinturas de cavernas. Se representam objetos produzidos pelo homem ou são protoescrita não se sabe, e jamais se saberá. (Meggs; Purvis, 2009, p. 19)

Com as primeiras civilizações, surgiu na Mesopotâmia um dos divisores de água da história: a **escrita**. Antes de sabermos escrever, os fatos e os conhecimentos eram guardados na memória, e a memória não é a mais confiável das mídias.

Os historiadores atuais propõem outras abordagens, mas por muito tempo vigorou o pensamento de que a Pré-História terminou com a invenção da escrita. Logo, a escrita teria não somente transformado, mas fundado a História.

Os primeiros registros de escrita são tabuletas da cidade de Uruk, no atual Iraque, e consistiam em listas de mercadorias, com numerais e nomes de pessoas (Pinsky, 2012). Essas informações eram organizadas em colunas separadas por linhas horizontais e verticais, como mostrado na Figura 1.1.

Figura 1.1 – **Tabuleta de argila de escrita pré-cuneiforme com anotações sobre rações alimentares, ca. 3300 a.C.**

Os egípcios aprimoraram o sistema. Esse povo sofisticado, que ergueu grandes pirâmides, tinha um senso aguçado de design e valorizava muito a decoração e o entalhe impecável dos hieróglifos.

Também foram os egípcios que primeiro tiveram a ideia de transformar uma planta comum nos pântanos às margens do Nilo em superfície para a escrita: o papiro. Eles eram tão sofisticados que produziam oito tipos de papiro, com usos que iam do registro de proclamações do faraó até anotações do dia a dia (Meggs; Purvis, 2009). Com tanto para registrar, surgiu a classe dos escribas, que ocupou lugar importante na sociedade. Havia também artistas que ilustravam os papiros, de acordo com um sistema muito bem padronizado.

Figura 1.2 – **Escrita hierática e ilustrações em um Livro dos Mortos egípcio, 1070 a.C.**

O próximo avanço foi a invenção do alfabeto, um sistema mais simples, que exigia o domínio de menos símbolos do que a escrita pictórica. O mais antigo deles é o minoico, que surgiu em Creta, a ilha do Minotauro. A invenção espalhou-se pelo Oriente Médio e pelo Mediterrâneo e, ao longo de séculos, surgiram os alfabetos semíticos, aramaico, arábico, grego e latino (Pinsky, 2012).

A ascensão de Roma impôs o alfabeto latino a todo o mundo ocidental – de fato, estamos aqui e agora nos comunicando por um livro composto com caracteres latinos. A escrita romana tinha diversas formas – *monumentalis*, *quadrata*, *rustica* –, e isso deu origem aos estilos e elementos tipográficos que conhecemos até hoje (Meggs; Purvis, 2009).

Nesse período, em que se moldou muito do mundo ocidental, ocorreram grandes avanços. Por volta de 190 a.C., surgiu um novo suporte para a escrita: o pergaminho, feito da pele de animais e mais resistente do que o papiro. Na época de Cristo, o pergaminho, que até então era enrolado, passou a ser cortado em formatos menores, dobrado e costurado em cadernos: eram os códices, os primeiros livros.

Por mais que hoje pareça comum, o códice foi um grande avanço tecnológico. Os pergaminhos em rolo eram compridos e nada práticos, precisavam de espaço para serem abertos e enrolados novamente; já os códices podiam ser rapidamente folheados e permitiam que se escrevesse nos dois lados de uma página. O *Codex Sinaiticus* (Figura 1.3), um dos mais importantes já encontrados, foi produzido em cadernos de oito folhas. Quando abertas, as páginas, de formato quadrado e escritas em colunas estreitas, guardam ainda alguma lembrança da maneira como se liam os antigos rolos.

Figura 1.3 – **Codex Sinaiticus, códice do século IV**

Muito longe dali, na China, no ano 105 d.C., um funcionário do governo comunicava o imperador da invenção de um material que daria início a outra revolução: o papel. Somente mil anos depois, no século XI, o papel chegaria à Europa, trazido pelos árabes. Ademais, embora a história ocidental louve Johannes Gutenberg, os chineses também inventaram sistemas de impressão e tipos móveis, tecnologias que só aportariam no Ocidente séculos depois (Febvre; Martin, 2017).

1.2 Os copistas e os primeiros livros

O termo *manuscrito iluminado* veio das lâminas de ouro aplicadas em detalhes de algumas páginas, que, assim, pareciam iluminar-se quando expostas à luz. Esse é o nome que damos, de modo geral, a todos os livros escritos, decorados e ilustrados à mão desde o fim do Império Romano até a produção dos livros impressos (Meggs; Purvis, 2009).

Durante esses 1500 anos, o Ocidente e o mundo islâmico empenharam-se em produzir livros belíssimos, com especial atenção ao design.

A produção de manuscritos era demorada e caríssima. Preparar uma única folha de pergaminho levava horas, e um livro extenso consumia a pele de dezenas e dezenas de ovelhas. Alguns pigmentos coloridos eram preciosos e viajavam de terras remotas, como no caso do lápis-lazúli, trazido do Afeganistão – dessa rocha de cor azul intensa se extraía um dos pouquíssimos pigmentos azuis disponíveis na natureza, até que se descobriram alternativas sintéticas. Como exemplo, podemos destacar um dos mais belos exemplares já produzidos, *Les très riches heures du Duc de Berry* (*As riquíssimas horas do Duque de Berry*), conhecido como "o rei dos manuscritos iluminados"; foram quatro anos de trabalho somente na tarefa de decoração de suas páginas (Husband, 2008).

Figura 1.4 – **Detalhe de *Les très riches heures du Duc de Berry*, decorado pelos Irmãos Limbourg, ca. 1410**

Les très riches heures du Duc de Berry. 1409. Em pergaminho: 400 × 300 mm. Biblioteca Nacional da França, Paris.

Na Europa medieval, quase todos os livros eram produzidos no *scriptorium* dos mosteiros católicos, sob uma organização que podemos comparar com a de uma editora. Havia um chefe, o *scrittori*, um monge mais antigo, que era um misto de editor-chefe e diretor de arte; o *copisti*, que escrevia letra a letra com precisão; e o *illuminator*, que ornamentava a página e produzia imagens de apoio.

A ilustração e a ornamentação não eram feitas ao gosto dos iluminadores. Os monges conheciam o valor didático das imagens e – numa época em que a devastadora maioria era analfabeta – as utilizavam para reforçar as mensagens.

PARA SABER MAIS

O romance histórico *O nome da rosa*, do italiano Umberto Eco, gira em torno da investigação de crimes cometidos numa abadia beneditina no século XIV. O cenário é um mosteiro onde trabalham monges copistas e é muito interessante observar como funcionava um *scriptorium* e uma biblioteca medievais e como trabalhavam os copistas antes da invenção da imprensa. Existe uma adaptação do livro para o cinema, com Sean Connery no papel principal, e, mais recentemente, uma minissérie em oito episódios do canal RAI.

ECO, U. **O nome da rosa**. Rio de Janeiro: Record, 2011.

O NOME da rosa. Direção: Jean-Jacques Annaud. Alemanha, 1986. 130 min.

1.3 A imprensa na Europa

O crescimento do número de burgueses e estudantes letrados criou uma demanda enorme por livros. Porém, ainda que os copistas e os mercadores tenham organizado e agilizado a produção, disseminando inclusive a tecnologia da fabricação do papel e da xilogravura, os manuscritos eram inalcançáveis para a absoluta maioria das pessoas – mesmo para aqueles poucos e ricos que sabiam ler. Em 1424, havia apenas 122 livros na Universidade de Cambridge, e um livro era um tesouro que custava o equivalente a uma fazenda ou a um vinhedo (Meggs; Purvis, 2009).

Foi então que Johannes Gutenberg (ca. 1400-1468) desenvolveu, na década de 1430, os chamados *tipos móveis*, que possibilitaram a impressão em larga escala. Os europeus já conheciam a impressão por bloco de madeira, mas ela era usada basicamente em baralhos e estampas de santos, pois não era prática para blocos de texto – a página inteira tinha de ser esculpida numa placa só – nem para grandes tiragens – as placas eram frágeis e não aguentavam muitas impressões (Febvre; Martin, 2017). Os tipos móveis de Gutenberg, ao contrário, eram práticos e duráveis. Cada caractere constituía uma peça independente que o impressor encaixava numa grande placa para formar o texto e, depois, desencaixava para compor uma nova página. Além disso, como eram feitos de metal, esses tipos podiam ser utilizados por muitas e muitas vezes.

Depois de alguns projetos tímidos, Gutenberg arriscou-se na impressão de algo mais ambicioso: uma Bíblia. A revolução foi tão grande que centenas de impressores surgiram por toda a Europa, e estima-se que no ano 1500 – 40 e poucos anos depois da Bíblia de Gutenberg – 9 milhões de exemplares de livros já haviam sido impressos (Febvre; Martin, 2017). A queda dos preços e a popularização dos livros levaram também à queda dos níveis até então avassaladores de analfabetismo.

Figura 1.5 – **A Bíblia de Gutenberg, ca. 1455**

No entanto, em termos de design, os impressos de Gutenberg não inovaram em quase nada. Os tipos móveis imitavam a escrita feita à mão dos copistas, e o aspecto geral era o de um manuscrito.

Dizem que certo grupo de franceses, ao ver tantos exemplares da Bíblia perfeitamente iguais e "escritos" em tão pouco tempo, suspeitou de bruxaria (Meggs; Purvis, 2009). Como as primeiras gráficas da Europa seguiram essa mesma tendência, foi um período de revolução, mas pouca criatividade visual.

CURIOSIDADE

Conforme narram Meggs e Purvis (2009) e Febvre e Martin (2017), a história da grande invenção de Gutenberg é, na verdade, bastante atribulada. Ele teve vários sócios em seus empreendimentos, entre eles Johann Fust, um rico joalheiro que financiou o projeto da prensa mecânica. Anos mais tarde, Fust moveu um processo solicitando que o valor investido fosse devolvido, e Gutenberg, que não tinha como pagar, entregou ao sócio todos os seus equipamentos.

Supõe-se que Gutenberg chegou a começar uma nova oficina, mas seus impressos nunca mais alcançaram o sucesso, de modo que não se sabe ao certo o que ele imprimiu. Mais tarde, acabou exilado – também não se tem certeza se ele voltou ou não para a terra natal – e faleceu em 1468. A igreja onde seu corpo foi enterrado foi destruída mais tarde, e seu túmulo, como boa parte de sua história, perdeu-se para sempre.

Nos próximos séculos, os livros impressos foram tornando-se mais e mais populares, mas o design – que, lembremos, até esse momento ainda não tinha propriamente essa denominação – alternou períodos de altos e baixos.

No século XVI, os tipógrafos da Renascença abandonaram a aparência manuscrita e criaram os primeiros desenhos de fontes exclusivos para a imprensa mecânica, como a Garamond, impressa pela primeira vez em 1530 (Tschichold, 2007). Foi uma época de esplendor também nas artes do livro, em que, além dessas bases da tipografia, se resgatou a proporção áurea, princípio que rege o design até hoje. O século XVII, porém, viu cair o padrão de qualidade.

Uma nova época de originalidade se instaurou no século XVIII, impulsionada por Luís XIV, que fundou na França a Imprimerie Royale (Meggs; Purvis, 2009). Foi nesse período que viveram grandes tipógrafos cujas criações talvez você conheça da caixa de fontes de seus *softwares*, como as fontes Caslon (impressa primeiramente em 1722), Baskerville (1757), Didot (1784) e Bodoni (1790) (Tschichold, 2007).

1.4 A Revolução Industrial

A Revolução Industrial, que ocorreu primeiro na Inglaterra, entre as décadas de 1760 e 1840, modificou profundamente a sociedade e a produção de todo tipo de bem. As prensas utilizadas até então não eram muito diferentes das usadas por Gutenberg, 400 anos antes, mas agora, finalmente, passam a ser empregados novos métodos de impressão (Fusco, 2019).

Há aqui um ponto interessante. Meggs e Purvis (2009) observam que, como as novas impressoras demandavam mão de obra mais especializada, aconteceu uma mudança crucial no curso do design: as artes gráficas se separaram em **projeto** e **produção**. Surgiu, portanto, a figura do designer como alguém que projeta o livro e não como quem efetivamente o imprime.

Uma outra invenção maravilhosa, chamada *fotografia*, surgiu nas décadas de 1830 e 1840 (Cardoso, 2008). A novidade logo chegou ao mundo editorial e, em 1844, após uma série de experimentos que queriam criar "algo dos primórdios da nova arte", William Henry Fox Talbot (1800-1877) publicou, em fascículos, o primeiro livro totalmente ilustrado com fotografias, intitulado *O lápis da natureza*.

Figura 1.6 – ***The Pencil of Nature*, de Henry Talbot, 1844**

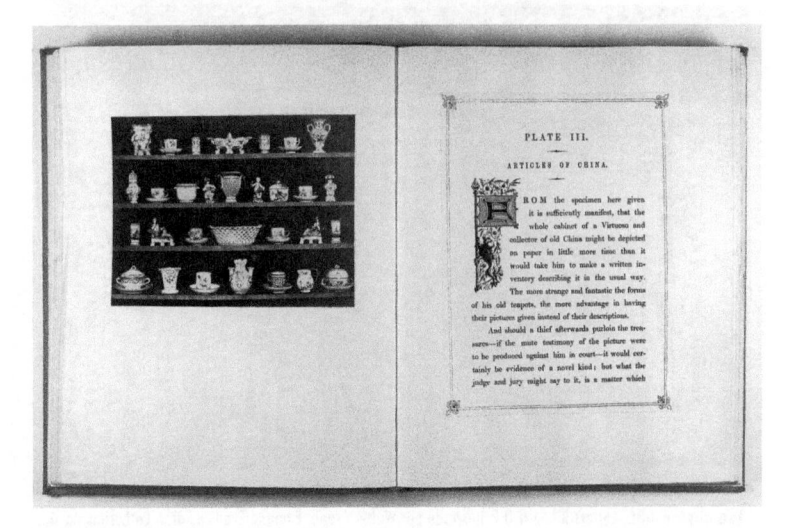

Considera-se que foi nessa época também que os livros para crianças ganharam atenção definitiva. Até então, na Europa, havia pouquíssimas publicações desse tipo e a própria noção de infância ainda estava em formação – até pouco tempo antes, a criança era vista como um pequeno adulto. Despontaram, assim, edições projetadas por Walter Crane (1845-1915), considerado um dos primeiros designers de livros infantis. Crane influenciou tudo o que se fez depois nesse campo: seus livros-brinquedo, por exemplo, propunham uma paleta de cores mais limitada e atraente aos olhos das crianças (Meggs; Purvis, 2009).

Figura 1.7 – **Página de *O ABC absurdo*, ilustração e design de Walter Crane, 1848**

The absurd ABC: Letters K L M N O P. Ilustrado por Walter Crane, Edmund Evans e Sarah Catherine Martin. New York: George Routledge and Sons, 1874.

Contudo, paralelamente a avanços, a corrida pelo mercado que crescia tanto fez com que a maioria das editoras não tivessem cuidado editorial ou estético. A resposta a essa despersonalização da produção em massa veio de um grupo de artistas que fundou, na Inglaterra, o movimento *Arts & Crafts*, considerado uma das raízes do design gráfico moderno (Morris; Piqueira, 2020). William Morris (1834-1896), figura central do movimento e fundador da Kelmscott Press, resgatou e reforçou muitos dos princípios que o design de livros segue até hoje.

Figura 1.8 – **Folhas de rosto dos trabalhos de Geoffrey Chaucer, agora novamente impressos, design de William Morris, 1896**

1.5 O século XX

De fato, as ideias de Morris e seus companheiros foram longe no espaço e no tempo. No começo do século XX, especialmente nos Países Baixos e na Alemanha, décadas depois, aconteceu uma espécie de renascimento do design de livros (Hollis, 2000).

Os holandeses Sjoerd H. de Roos (1877-1962) e Jan van Krimpen (1892-1958), o alemão Rudolf Koch (1876-1934) e o estadunidense Frederic W. Goudy (1865-1947) revitalizaram as artes gráficas, retomando conceitos como a simetria, a harmonia e o equilíbrio. Limparam-se as margens, aumentaram-se os espaçamentos e escolheram-se fontes mais sóbrias e legíveis (Figura 1.9). Ainda nesse período, a *art nouveau* e a *art déco* – correntes artísticas europeias que se sucederam entre as décadas de 1880 e 1930 e influenciaram as artes visuais, a arquitetura e o design – trouxeram o refinamento da arte para os objetos cotidianos das pessoas comuns.

Figura 1.9 – **Página do poema *In memoriam*, composta por Jan van Krimpen, 1921**

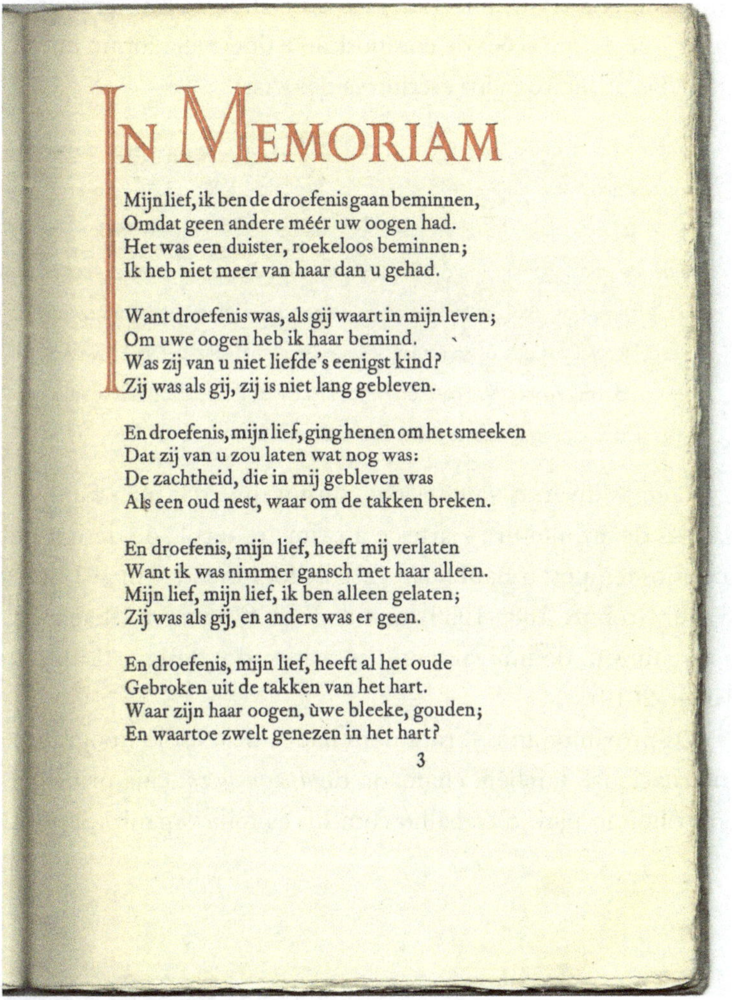

In Memoriam

Mijn lief, ik ben de droefenis gaan beminnen,
Omdat geen andere méér uw oogen had.
Het was een duister, roekeloos beminnen;
Ik heb niet meer van haar dan u gehad.

Want droefenis was, als gij waart in mijn leven;
Om uwe oogen heb ik haar bemind.
Was zij van u niet liefde's eenigst kind?
Zij was als gij, zij is niet lang gebleven.

En droefenis, mijn lief, ging henen om het smeeken
Dat zij van u zou laten wat nog was:
De zachtheid, die in mij gebleven was
Als een oud nest, waar om de takken breken.

En droefenis, mijn lief, heeft mij verlaten
Want ik was nimmer gansch met haar alleen.
Mijn lief, mijn lief, ik ben alleen gelaten;
Zij was als gij, en anders was er geen.

En droefenis, mijn lief, heeft al het oude
Gebroken uit de takken van het hart.
Waar zijn haar oogen, ùwe bleeke, gouden;
En waartoe zwelt genezen in het hart?

3

Depois de uma virada e um começo de século tão empolgantes, estavam lançadas as bases para o modernismo, que rompeu com as ideias tradicionais na arte e no design. É interessante notar que as inovações de composição e tipografia foram impulsionadas primeiro pelos escritores e poetas:

> A tipografia moderna está fundamentalmente baseada nos conceitos desenvolvidos nos anos vinte e trinta. No século XIX, Mallarmé e Rimbaud, e no início do século XX, Appolinaire, foram os precursores de um novo entendimento das possibilidades de uma tipografia livre dos preconceitos e moldes convencionais. Através das suas experiências, estes artistas criaram as bases para as obras pioneiras dos teóricos e experimentalistas que os seguiram. Walter Dexel, El Lissitzky, Kurt Schwitters, Jan Tschichold, Paul Renner, Moholy-Nagy e Joost Schmidt, entre outros, ofereceram uma nova vida a uma tipografia estática. (Müller-Brockmann, 2012, p. 7)

Com as diversas vanguardas, surgiu uma das mais famosas escolas de arquitetura e artes e a primeira escola de design de todos os tempos: a Bauhaus. A escola foi fundada em 1919 por Walter Gropius (1883-1969), na cidade de Weimar, na Alemanha, e organizou definitivamente as bases do design (Lupton; Miller, 2019).

Os próximos anos foram dominados pelo estilo tipográfico internacional, também chamado de *design suíço*, cuja principal contribuição para o trabalho com livros foi a organização dos elementos dentro de um *grid*[1] construído racionalmente. Já a escola de Nova Iorque era adepta de um visual mais intuitivo e menos formal e nos presenteou com *layouts* espontâneos e brincadeiras tipográficas.

1.6 A era da informação, o *e-book* e o que pode vir depois

A virada do milênio foi profundamente marcada pela revolução digital. O *hardware* e o *software* dos computadores promoveram uma nova mudança no modo de fazer livros: se a Revolução Industrial e o século XX haviam promovido a divisão do processo entre vários profissionais – designers, compositores, arte-finalistas, operadores de câmeras, copiadores, impressores –, agora tudo pode ser controlado por uma única pessoa, operando um computador (Hollis, 2000).

A tela dos primeiros computadores mostrava apenas texto. Em 1984, a Apple apresentou os *bitmaps*, *pixels* que se agrupam na tela e formam pequenos ícones; as primeiras fontes digitais, com desenho de Susan Kare (1954-); e a primeira interface controlada pelo *mouse*, um dispositivo que permite ao usuário mover um cursor na tela. A partir daí, surgiram todos os *softwares* de design gráfico disponíveis atualmente.

---

[1] Malha geométrica, definida por linhas horizontais e verticais, com a qual o projetista divide e ordena o espaço. Esse tema será tratado em detalhes no Capítulo 4.

Figura 1.10 – **Exemplos de fontes *bitmap***

Courier
abcdefghijk

Fixedsys
abcdefghijk

MS serif
abcdefghijk

System
abcdefghijk

Segundo Cardoso (2008) e Perrota (2005), conforme surgiam novas tecnologias, designers como April Greiman (1948-) iam se apropriando das novidades e produzindo os primeiros *layouts* digitais. O desenvolvimento das tecnologias *PostScript* da Adobe possibilitou que designers como Carol Twombly (1959-) e Robert Slimbach (1956-) desenhassem tipos digitais inéditos e recriassem, para uso no computador, os clássicos, como a Garamond. E assim chegamos, enfim, ao pacote de recursos e *softwares* de que o designer dispõe hoje para criar seus projetos gráficos.

Em 1993, disseminaram-se os primeiros *e-books*, possibilitados pelo lançamento do formato PDF (*Portable Document Format*) da Adobe. Em 1997, foi fundada a E Ink Corporation, que criou uma tecnologia de tinta digital, mais confortável aos olhos do que a tela brilhante de um computador, *smartphone* ou *tablet*. E, na década de 2000, foram lançados os primeiros *e-readers* no mercado. Na década de 2010, as tecnologias de *streaming* fizeram que *audiobooks* – que, na verdade, existem desde os anos 1930 – entrassem em ascensão e encontrassem muitos novos "leitores".

Em paralelo a tantas tecnologias digitais, muito se tem falado sobre o fim do impresso. Porém, o que se vê hoje são novos caminhos, livros cada vez mais bem produzidos, edições de luxo e clubes de assinatura. Pesquisas apontam que, no Brasil, o papel ainda representa mais de 93% das vendas de livros (Wischenbart et al., 2017).

A pandemia de covid-19, que retraiu assustadoramente a economia, trouxe um inesperado aumento na venda de livros, num primeiro momento. Apesar das quedas nas vendas e da quebra das livrarias físicas – esvaziadas de clientes ou fechadas para cooperar com as políticas de distanciamento social –, as editoras e lojas digitais registraram, nos primeiros meses, um aumento médio de um terço nas vendas de livros de ficção, índice que chegou a até 66% no caso de livros infantis (Charlton, 2020). Isso pode demonstrar que esses companheiros silenciosos ainda são muito valorizados como meios de inspiração e diversão.

> A principal diferença entre o ser humano e todos os demais animais do Planeta Terra consiste no fato de nós sermos os únicos a produzir, organizar, armazenar, intercambiar e consumir cultura. E dentre os bens culturais produzidos pelo Homo sapiens nenhum tem cumprido papel mais relevante do que o livro. Há séculos, mais do que qualquer outro objeto, o livro tem sido o próprio símbolo da cultura. (Pinsky, 2006)

Levando tudo isso em conta, podemos imaginar que o livro, ainda que passe por mudanças, certamente superará os desafios atuais e continuará acompanhando os passos da humanidade.

1.7 E no Brasil?

O Brasil largou com grande atraso na corrida do livro. De acordo com Mello e Ramos (2011, p. 24), "Três séculos de silêncio foi um dos castigos impostos pela Coroa Portuguesa à sua principal colônia".

Durante quase todo o período colonial, a impressão de qualquer tipo de material era proibida no Brasil. Além de não haver oficinas de impressão, tampouco havia aqui livrarias ou bibliotecas públicas, de modo que os livros só podiam ser obtidos por quem pudesse trazê-los de outros países.

Com a chegada da família real portuguesa, que aportou no Rio de Janeiro em 1808, fugindo de Napoleão, instalou-se a Impressão Régia, primeira tipografia do país, mas ainda de propriedade do Estado. A primeira tipografia particular, de Manuel Antônio da Silva Serva (ca.1760-1819), foi fundada em Salvador, em 1811, mesmo local e ano em que se inaugurou a primeira biblioteca pública do Brasil (Gomes, 2014).

Em 1816, incentivada por D. João VI, chegou ao país a Missão Artística Francesa, a qual trouxe grandes artistas e uma metodologia de ensino que fundou as primeiras escolas organizadas de artes.

A primeira livraria do país – a Livraria Universal, dos irmãos Laëmmert (Eduardo e Henrique, nascidos na Alemanha) – foi aberta no Rio de Janeiro, em 1833. Os dois também inauguraram, em 1838, a Typographia Universal, famosa por editar livros de qualidade, além de vários outros materiais. Aqui, vale lembrar que a mão de obra, como em quase todos os empreendimentos da época, era de escravizados. Somente em 1890, depois da Proclamação da República, é que se instalou a primeira fábrica de papel do Brasil, a Companhia Melhoramentos, próxima da cidade de São Paulo (Mello; Ramos, 2011).

As ideias modernistas aportaram também com atraso: em 1922, com a realização da Semana de Arte Moderna no Teatro Municipal de São Paulo.

Ainda hoje, o Brasil não pode se declarar um grande consumidor e produtor de livros. Não somos nem muito leitores – 52% da população se declara leitora, e a média de leitura, considerando-se somente essa fatia, é de 2,55 livros inteiros por ano (IPL, 2020) – nem muito produtores – em 2019, o mercado de livros produziu 395 milhões de exemplares e movimentou R$ 5,7 bilhões (CBL; SNEL; Nielsen Company, 2020), aproximadamente 0,08% do PIB brasileiro (Nery, 2020).

Todavia, apesar do cenário um pouco desanimador, novos caminhos têm se revelado, em que se observam o surgimento de pequenas editoras e novos modelos de negócio, a aproximação do público com as redes sociais, o crescimento dos níveis de leitura entre as crianças (IPL, 2020), as plateias recordes em feiras e eventos e a valorização do design.

Ao que tudo indica, os designers terão muito trabalho pela frente.

SÍNTESE

A história dos livros teve início milênios atrás, com a invenção e o desenvolvimento da escrita. A palavra escrita ocupa papel central na civilização e transformou-se com o tempo – e num ritmo cada vez mais rápido –, ao longo do qual o ser humano sempre procurou maneiras de organizá-la e embelezá-la.

O formato do livro como o conhecemos hoje surgiu com os códices, uma forma de composição revolucionária inventada na época do Império Romano. Na Idade Média, os manuscritos iluminados eram produzidos com muito cuidado em relação ao design e à didática. Os livros infantis tornaram-se populares a partir da metade do século XIX, na mesma época em que se publicaram também os primeiros livros ilustrados com fotografias.

O design surgiu como disciplina com a Revolução Industrial, no final do século XIX, e foi mais amplamente estudado no início do século XX, com a explosão das vanguardas modernistas e a fundação da Bauhaus. Pode-se dizer, porém, que a figura do designer editorial esteve sempre presente na história pela prática de artes mais antigas, como a caligrafia, a iluminura e a tipografia. Os designers são, afinal, herdeiros de uma longa tradição.

Por mais de 300 anos, foi proibida no Brasil qualquer atividade de impressão. A imprensa chegou aqui somente em 1808, com a vinda da família real portuguesa. Os ideais vanguardistas tornaram-se populares a partir da Semana de Arte Moderna, realizada em 1922.

A informática trouxe novas possibilidades de criação e simplificou o processo de composição dos livros, já que agora um único profissional pode operar diferentes funções – projetar, tratar e inserir fotos, desenhar tipos, diagramar e até imprimir – com o uso de um computador.

Na década de 1990 surgiram os livros digitais, que trouxeram novas possibilidades, como o uso de animação, áudio e personalização da experiência de leitura. Os *e-readers*, com a tecnologia da tinta digital (*e-ink*), chegaram ao mercado no final dos anos 2000.

Há muito se fala da morte dos livros impressos, mas os fatos apontam para o contrário. A pandemia de covid-19 aumentou, por um tempo, a venda de livros, e o mercado brasileiro tem lançado edições cada vez mais bem elaboradas em termos de design, produção editorial e acabamento.

QUESTÕES PARA REVISÃO

1. Alguns eventos históricos foram decisivos para que os livros impressos tivessem o formato atual e seguissem os fundamentos de design hoje observados. Com relação a esses eventos, marque a alternativa **incorreta**:

    a. A escrita foi inventada na Suméria, por volta de 4000 a.C. e, desde o início, as pessoas procuraram organizá-la e embelezá-la.

    b. O formato de códice tornou os manuscritos – que antes eram enrolados – mais práticos de serem lidos, transportados e armazenados.

c. Na Renascença, os impressores começaram a criar tipos com desenhos diferentes da caligrafia manuscrita para utilizar nas prensas mecânicas.

d. O papel, inventado no Japão no século II, chegou à Europa aproximadamente no século XI, trazido pelos árabes.

e. A Revolução Industrial tornou os livros mais acessíveis e separou, na cadeia de produção, as figuras do projetista e do produtor.

2. O advento dos tipos móveis e da imprensa na Europa do século XIV não somente revolucionou o processo de fabricação de livros como iniciou movimentos de mudança em toda a sociedade. Sobre esse período, assinale a alternativa **incorreta**:

a. Johannes Gutenberg foi o primeiro inventor do mundo a utilizar um sistema de impressão.

b. Os tipos móveis metálicos de Gutenberg eram mais duráveis do que as placas de madeira utilizadas até então, o que permitia fazer maiores tiragens de um livro.

c. O primeiro grande sucesso de vendas criado por uma tipografia na Europa foi a Bíblia de Gutenberg.

d. Poucos anos após a criação dos tipos móveis de Gutenberg, havia centenas de oficinas de impressão na Europa, que fizeram explodir os números da produção de livros.

e. A tipografia popularizou os livros, até então caríssimos e raríssimos, o que fez diminuir os níveis de analfabetismo.

3. A invenção e a popularização dos computadores pessoais, na década de 1980, atingiu rapidamente o design gráfico e de livros. Assinale a alternativa correta:

   a. Os designers abandonaram fundamentos do passado, e os livros, em geral, entraram num período de projetos pouco criativos.
   b. O design digital promove a divisão dos conhecimentos e das tarefas relacionados aos projetos gráficos – tipografia, composição, *layout* e tratamento de imagens – entre vários profissionais diferentes.
   c. A interface visual e o uso do *mouse* abriram caminho para os atuais *softwares* de design gráfico.
   d. Com o surgimento de novas possibilidades, a tipografia clássica criada nos séculos passados caiu definitivamente em desuso.
   e. Os computadores pessoais não chegaram a mudar significativamente o trabalho dos designers gráficos.

4. A Revolução Industrial foi um grande ponto de virada para a fundação da sociedade moderna e a criação do design como disciplina, tal como o conhecemos hoje. Quais foram alguns dos impactos desse período na criação e produção de livros?

5. Até a chegada da família real portuguesa ao Rio de Janeiro, em 1808, era proibida a impressão de qualquer tipo de material em território brasileiro. Quais podem ser algumas das consequências desses séculos de proibição?

QUESTÃO PARA REFLEXÃO

1. Considere, por um instante, o livro que você está lendo agora, seja a versão digital, seja a versão impressa. Ele é resultado de muitas inovações revolucionárias para as épocas em que ocorreram, desde a escrita e o alfabeto até a impressão digital e as telas LED[2], a tecnologia mais recente para a fabricação de emissores de luz, como TVs, telas de celular e lâmpadas.

   Levando em conta os dados históricos apresentados neste capítulo e suas observações mais recentes acerca do mercado e dos hábitos das pessoas, que futuro você enxerga para os livros? Quais inovações você gostaria de ver aplicadas ou descobertas? Pense também em como o design gráfico poderá ser aplicado nessas novas tecnologias. Qual será o lugar do designer nessas futuras produções?

---

[2] Do inglês *light-emitting diode* (diodo emissor de luz).

Reinhold Leitner/Shutterstock

CAPÍTULO 2

ELEMENTOS BÁSICOS DA COMUNICAÇÃO VISUAL

CONTEÚDOS DO CAPÍTULO:
- Conceito de elemento visual básico.
- Princípios dos elementos básicos da comunicação visual.
- A composição da modernidade.
- Os cânones modernistas.
- Elementos básicos e composição digital.

APÓS O ESTUDO DESTE CAPÍTULO, VOCÊ SERÁ CAPAZ DE:
1. reconhecer os elementos básicos da comunicação visual;
2. aplicar essas unidades básicas da comunicação visual no design.

2.1 **O que é um elemento básico da comunicação visual?**

Assim como em todas as artes e todos os ofícios, o design de livros exige o domínio de uma série de conhecimentos para ser concretizado.

Um marceneiro, ao construir um móvel, faz uso tanto de materiais – madeira, pregos, parafusos – e ferramentas – martelo, serras, formão – concretos quanto de conhecimentos abstratos – sistemas de medidas, planificação de sólidos e até um pouco de moda. Da mesma forma, não devemos encarar o design como a simples operação de *softwares* ou a aplicação de conteúdos relativos a processos de impressão e acabamento. O bom designer domina também uma série de conceitos, e os primeiros deles são o que Donis A. Dondis (1924-1984), professora e teórica das artes visuais, denominou *unidades básicas* ou *elementos básicos da comunicação visual* (Dondis, 1997).

Alan Moore (1953-), autor dos quadrinhos *Watchmen* e *V de Vingança* e um grande pensador da cultura e das artes, apresenta uma boa definição para esses conceitos:

> O filósofo Ralph Waldo Emerson disse que a questão da beleza nos leva das superfícies para pensar nos fundamentos centrais das coisas. Essa percepção é vital para entender por que o bom *design* pode tocar nossas vidas nos menores detalhes – e o bom *design* é fundamental para a beleza, é o que nós trazemos para o mundo. (Moore, 2016, p. 118, tradução nossa)

Tudo o que possamos criar será composto desses "fundamentos centrais das coisas" visuais, elementos que são a essência de qualquer discurso visual. Eles são irredutíveis, isto é, não podem ser reduzidos ou decompostos, e podem ser classificados como **conceituais, visuais** e **relacionais**. Dondis (1997), em *A sintaxe da linguagem visual*, lista dez deles:

1. ponto;
2. linha;
3. forma;
4. direção;
5. tom;
6. cor;
7. textura;
8. escala;
9. dimensão;
10. movimento.

O trabalho do designer é, de certo modo, selecionar, combinar e manipular esses elementos. Isso pode soar como uma simplificação, mas devemos pensar nas infinitas possibilidades que – repetindo os termos – a seleção, a combinação e a manipulação de dez elementos permitem criar. O ponto, por exemplo, pode ser ampliado, multiplicado e colorido para formar uma imagem. Georges Seurat (1859-1891), artista pioneiro do pontilhismo, movimento em que se utilizavam somente pontos para compor imagens, comprova: os resultados podem mesmo ser infinitos (Figura 2.1).

Figura 2.1 – **La Seine à la Grande-Jatte**, de Georges Seurat, 1888

SEURAT, G. **La Seine à la Grande-Jatte**. 1888. Óleo sobre tela, 65 × 82 cm.
Museus Reais de Belas Artes, Bélgica.

2.2 Princípios dos elementos visuais

A menor das unidades visuais, em que tudo começa, é o **ponto**. Dondis (1997, p. 53) observa que "na natureza, a rotundidade é a forma mais comum, sendo que, em estado natural, a reta ou o quadrado constituem uma raridade".

O ponto tem uma capacidade única de atrair nossos olhos (imagine uma parede branca com um pontinho preto: você não sente um desejo de chegar mais perto e descobrir o que é?) e isso faz com que ele seja muito útil na transmissão de mensagens visuais.

Quando deixam de estar sozinhos, os pontos exercem ainda outras forças sobre o olhar: **fusão**, **contraste** e **organização**. Ao vermos dois ou mais pontos, somos compelidos a uni-los, compará-los e organizá-los – como nossos antepassados, que juntaram pontos brilhantes no céu para formar constelações com histórias fantásticas.

Quanto mais próximos estiverem os pontos, maior será a objetividade da mensagem. Repare, na Figura 2.2, como a imagem do círculo se torna mais definida à medida que os pontos se aproximam. É uma conclusão óbvia, mas muito útil na busca de um design elegante: Qual é o mínimo de informações necessárias para expressar uma mensagem ao leitor com clareza e sem poluição?

Figura 2.2 – **Pontos e proximidade**

Ao movimentar-se ou aglomerar-se com outros, o ponto faz nascer uma **reta**, que pode ser interpretada dessas duas maneiras, isto é, um ponto em movimento ou vários pontos agrupados e alinhados. A **linha** é visualmente dinâmica e pode assumir uma enorme variedade de sentimentos: reta ou ondulada, delicada ou grosseira, indecisa ou objetiva. A linha pode tanto dividir quanto ligar informações e, por isso, é um elemento dos mais utilizados na composição.

Observe a Figura 2.3: são todas retas, mas você consegue atribuir diferentes personalidades a elas?

Figura 2.3 – **Linhas com diferentes traços**

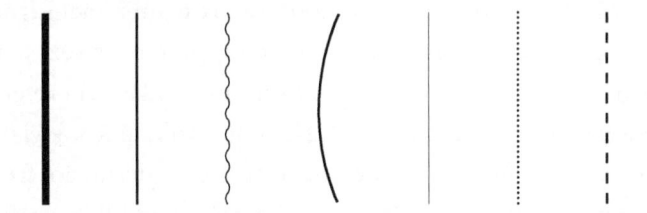

Com toda essa inquietação, ao fechar-se em si mesma ou encontrar uma vizinha, a linha acaba por delimitar uma **forma**. Existem três formas básicas, figuras planas e simples, construídas com facilidade: o **círculo**, o **quadrado** e o **triângulo**.

Por meio da composição ou da decomposição dessas formas básicas, podemos construir formas mais complexas: um quadrado estendido ou somado a outro torna-se um retângulo; um círculo cortado ao meio vira uma meia lua; seis triângulos combinados compõem um hexágono (Figura 2.4).

Figura 2.4 – **Formas mais complexas originadas das básicas**

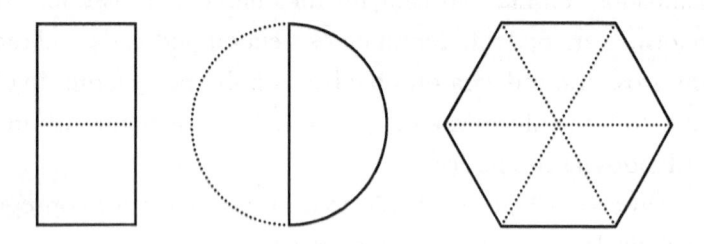

Visualmente, cada uma das formas básicas tem uma personalidade própria, inclusive com características favoráveis e desfavoráveis, e isso é algo que pode reforçar uma mensagem no design. O quadrado é estável, honesto, porém, às vezes, monótono – você já deve ter ouvido a gíria "quadradão" em referência a alguém que é antiquado. O triângulo é dinâmico, jovial, mas um tanto conflituoso – note que os sinais de alerta são, frequentemente, triangulares. Por sua vez, o o círculo é sábio, acolhedor, mas pode ser um pouco repetitivo – dizemos que "andamos em círculo" quando não chegamos a lugar nenhum.

Quando observamos as formas básicas, elas nos sugerem **direções** também básicas: as linhas do quadrado seguem na direção **horizontal** e **vertical**; as do triângulo, na **diagonal**; e a linha do círculo, em **curva**.

As direções são amigas valiosas quando queremos reforçar uma mensagem visual (Figura 2.5). A direção horizontal-vertical é nossa referência mais primária – lembre-se da linha do horizonte – e, como o quadrado, inspira estabilidade, decisão e segurança. A diagonal é instável, provocativa e ameaçadora. A curva tem significados ligados à expansão, ao acolhimento e ao conforto.

Figura 2.5 – **Direções sugeridas pelas formas**

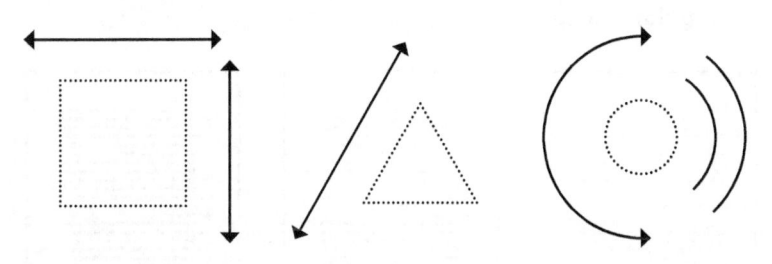

Nós enxergamos em razão da presença ou ausência de luz, e todo discurso visual, portanto, só faz sentido graças a ela. A luz revela ou esconde, "circunda as coisas, é refletida por superfícies brilhantes, incide sobre objetos que têm, eles próprios, claridade ou obscuridade relativa. As variações de luz ou de **tom** são os meios pelos quais distinguimos oticamente a complexidade da informação visual do ambiente" (Dondis, 1997, p. 61, grifo nosso).

O tom é, em resumo, o resultado da interação da luz com as formas, o elemento que nos faz notar se algo é mais **claro** ou mais **escuro** e, por isso, é um aliado para expressar tridimensionalidade, além de, psicologicamente, sugerir atmosferas mais iluminadas ou obscuras.

No design de livros, manipular o tom da mancha tipográfica pode ser um recurso interessante: verifique, na Figura 2.6, como uma fonte *light* – denominação sugestiva, aliás – produz uma mancha mais clara, enquanto o *bold* "puxa" o tom para o mais escuro.

Figura 2.6 – **Tons produzidos na página por fontes *light*, regular e *bold***

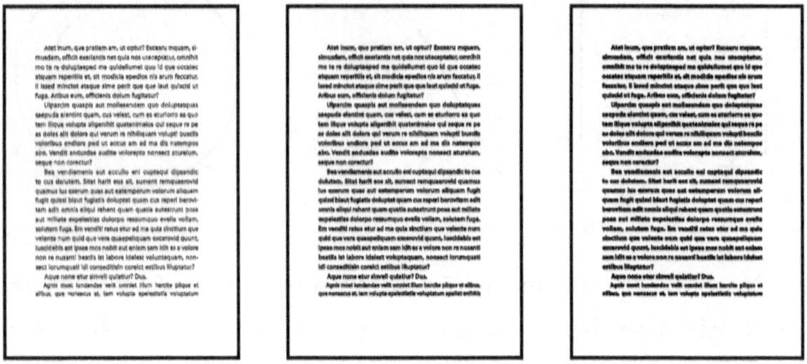

Depois do tom, outro elemento importante a ser considerado para enriquecer as mensagens visuais é a **cor**. Pense nas fotos antigas, em preto e branco, que são talentosamente colorizadas com uma camada de tinta transparente. A imagem já existia e era perfeitamente interpretada, mas a tinta, sobreposta ao tom, adiciona novas mensagens – Qual era a cor do céu naquele dia? Que cor tinham os cabelos dos meus bisavôs?

As cores têm significados simbólicos, fisiológicos e psicológicos profundos[1] e, portanto, "estão impregnadas de informação e são uma das mais penetrantes experiências visuais" (Dondis, 1997, p. 64). São, como é de se esperar, importantíssimas num projeto gráfico e não podem ser escolhidas ao acaso.

---

1   Mais adiante, no Capítulo 3, apresentaremos uma breve teoria do significados das cores.

A cor tem três dimensões[2]: 1) o **matiz** ou croma, que, digamos, é a cor em si, havendo três matizes primários, o amarelo, o vermelho e o azul; 2) a **saturação**, que diz respeito à pureza, variando do matiz puro até o acinzentado, "desbotado"; e 3) o **brilho**, que vai do claro ao escuro. Uma boa maneira de entender o funcionamento dessas variáveis é manipular os quadros de seleção de cor dos *softwares* (Figura 2.7). Esse conhecimento tem aplicações práticas no design do livro: livros infantis, chamativos, comportam paletas mais saturadas; relatórios técnicos, mais sisudos, requerem menos brilho etc.

Figura 2.7 – **Matiz, saturação e brilho no seletor de cores**

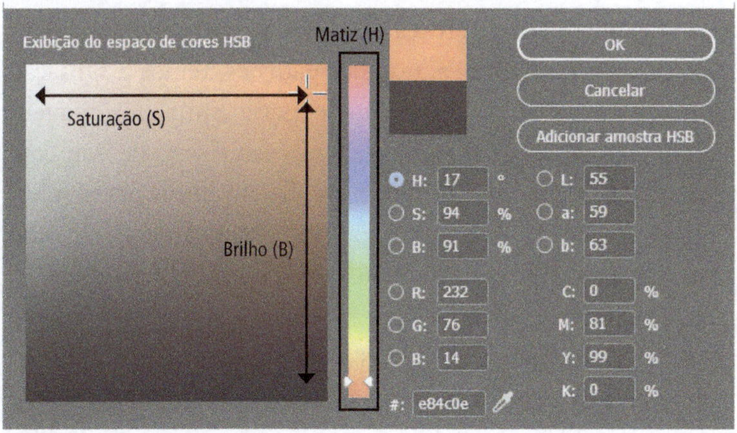

Telas de produtos da Adobe reproduzidas com permissão da Adobe Systems Incorporated

[2] Essa é a base do sistema HSB de cores — formado por *hue* (matiz), *saturation* (saturação) e *brightness* (brilho) —, conhecido também como HSV — com o elemento *value* (valor) —, inventado em 1974 por Alvy Ray Smith (1943-) (Smith, 2021).

CURIOSIDADE

No estudo do tom, os alunos da Bauhaus, assim como de outras escolas de design e artes, eram desafiados a representar o máximo que conseguissem de gradações de cinza entre o branco e o preto puros.

A escala mais utilizada tem em torno de 13 gradações, porém, com muita sensibilidade, pode-se chegar a algo em torno de 30, o máximo que os cientistas afirmam que nossos olhos podem distinguir. Já nossa percepção para cores é muito maior: a ciência afirma que conseguimos ver cerca de 10 milhões delas (Diep, 2015).

    O designer pode tornar a experiência visual mais rica adicionando **textura**. Trata-se de um elemento visual que, de certa forma, extrapola a visão e ativa a memória de outro sentido: o tato. Por meio de granulações, traços e padrões, temos a sensação de não somente ver, mas também de quase sentir uma imagem.

    É interessante notar como sentimos um desejo de "ver com a mão" e tocar os objetos que primeiro atraíram nosso olhar. De acordo com Dondis (1997, p. 70), "O julgamento do olho costuma ser confirmado pela mão através da objetividade do tato. É realmente suave ou apenas parece ser? Será um entalhe ou imagem em realce?". Livros para bebês, por exemplo, comumente vão além da representação e exploram o tato com a aplicação de diferentes materiais nas páginas, como pelo, tecidos e papéis texturizados.

    A **escala** é um item básico de natureza comparativa, pois surge quando observamos mais de um elemento (ainda que um deles esteja em nossa memória) e entendemos se um é maior, menor ou igual a outro. O grande, portanto, existe por causa do pequeno. Além de comparativa, a escala é também relativa, pois, se houver alguma mudança no ambiente, o elemento grande poderá tornar-se pequeno.

Dominar esse conceito – outro desses que parecem óbvios – é especialmente útil no design de livros, pois ajuda a conduzir a leitura criando uma hierarquia entre as informações: um título de peso 1 é normalmente maior do que um de peso 2, que é maior do que um texto corrido, que, por sua vez, é maior do que uma citação, que é maior do que uma nota de rodapé. O desafio fica por conta de estabelecer uma escala visualmente harmônica e fácil de interpretar entre os diferentes tamanhos de informação que o texto exige.

Observe a Figura 2.8 e repare como, mesmo sem palavras compreensíveis, a escala é suficiente para diferenciar as informações.

Figura 2.8 – **Hierarquia proposta pela escala**

Lorem ipsum dolor sit amet
Consectetur adipiscing elit
Sed do eiusmod tempor incididunt ut labore et dolore magna aliqua. Ut enim ad minim veniam, quis nostrud exercitation ullamco laboris nisi ut aliquip ex ea commodo consequat.
Duis aute irure dolor in reprehenderit
In voluptate velit esse cillum dolore eu fugiat nulla pariatur. Excepteur sint occaecat cupidatat non proident, sunt in culpa
Qui officia deserunt mollit anim id est laborum.

A **dimensão** é o elemento básico relacionado à perspectiva. O mundo em que vivemos é tridimensional – e nossa visão é um sistema muitíssimo complexo capaz de apreender essa tridimensionalidade. Porém, numa superfície plana como a página de um livro, a dimensão é apenas uma ilusão obtida, principalmente, pela técnica da perspectiva.

A dimensão é, talvez, o elemento dessa lista de dez unidades básicas menos presente no design de livros impressos, a não ser nas ilustrações e imagens que sejam inseridas nas páginas. Já os livros e materiais digitais ganham uma boa vantagem, pois contam com a possibilidade de aplicação de tecnologias como a realidade aumentada e os óculos 3D.

CURIOSIDADE

Os livros *pop-up* são aqueles que fazem saltar as ilustrações para fora das páginas ao serem abertos. Eles são uma categoria dos chamados *livros móveis*, que abarcam também os *tunnel books* (livros com efeito de túnel), os *flaps* (quando se levantam abas ou janelas que revelam conteúdos), os *pull-tabs* (em que se puxam paletas) e os *volvelles* (com estruturas que giram).

O mais antigo livro com uma estrutura móvel que se conhece é a *Chronica majora*, do monge beneditino Matthew Paris, de 1240 (University of Virginia Library, 2014). Atualmente, os livros *pop-up* contam com mecanismos tão complexos – cortes, dobras, colas, alças e fios – que a arte de criação desses materiais é chamada *engenharia de papel*.

Por fim, o **movimento** é a sensação de que um elemento visual, ainda que seja estático, está seguindo um caminho. Novamente, aqui os livros digitais levam vantagem, pois neles é possível utilizar movimento real com o uso de vídeos e efeitos de animação. Em páginas impressas – e nas páginas digitais que não sejam animadas –, esse movimento deve ser inteligentemente sugerido, com o auxílio de direções, tons, cores, escalas etc.

Nossos olhos estão o tempo todo varrendo o ambiente, e a sequência em que essa varredura acontece também é movimento. O sentido de leitura ocidental, da esquerda para a direita, de cima para baixo, é uma convenção em que somos treinados; no caso de uma foto, por exemplo, o olhar seguirá um caminho muito pessoal e quase caótico; mas isso é algo que podemos manipular ao criarmos um *grid* claramente ordenado (Figura 2.9).

Figura 2.9 – **Movimentos do olhar pela página**

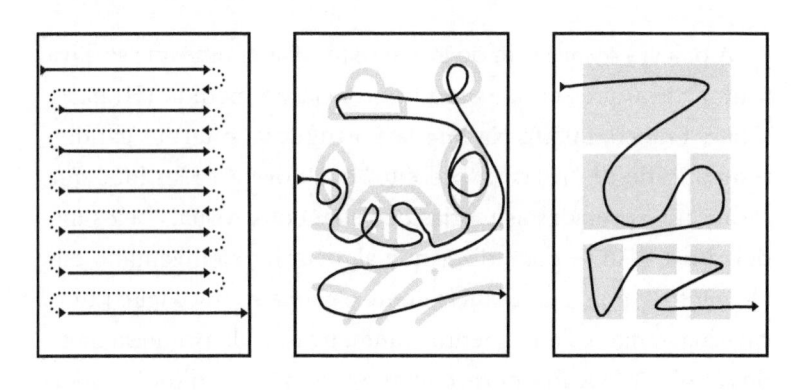

Os dez elementos descritos são as estruturas básicas que temos à disposição para dar conta da missão principal do design de livros: ajudar a interpretar e comunicar a voz do autor. Dondis (1997, p. 82) conclui essa reflexão com palavras inspiradoras:

> A linguagem separa, nacionaliza; o visual unifica. A linguagem é complexa e difícil; o visual tem a velocidade da luz, e pode expressar instantaneamente um grande número de ideias. Esses elementos básicos são os meios visuais essenciais. A compreensão adequada de sua natureza e de seu funcionamento constitui a base de uma linguagem que não conhecerá nem fronteiras nem barreiras.

Desse modo, é possível perceber que o estudo dessas teorias é de grande importância, não somente para a criação do design de um livro, mas também na busca de aproximação e entendimento.

2.3 Os cânones modernistas

A palavra *cânone* vem do grego *kanôn,ónos*, nome que se dava a uma vara que servia como referência de medida (Houaiss; Villar; Franco, 2009). Na língua portuguesa, o termo ganhou o significado de "regra", "preceito" ou "norma". E assim é que foram interpretadas as teorias dos elementos visuais pelos modernistas. Não se pode dizer que alguém tenha inventado tais elementos – pois já estavam lá desde o primeiro traço feito numa caverna –, mas os movimentos vanguardistas da primeira metade do século XX foram certamente grandes estudiosos e divulgadores deles.

Irreverentes e visionários, quase todos jovens, na casa dos vinte e poucos anos, os *designers* das vanguardas queriam nada menos que mudar o mundo. E, no princípio do século 20, não hesitaram em contestar a sociedade por meio do *design*. Imersos no caos – industrialização, transformações tecnológicas, guerra mundial –, eles buscavam a ordem e o sentido. Esses artistas se expressaram em manifestos e criaram cartazes, livros, revistas e tipos, recorrendo a vocabulários visuais espantosamente inovadores. [...] Eles tentaram descobrir **as formas visuais imaculadas** que se adequavam ao novo mundo moderno. Por meio desses experimentos, exploraram o leiaute assimétrico, a valorização do espaço em branco, o *design* serial, os tipos geométricos, o minimalismo, a hierarquia, o funcionalismo e a universalidade. (Armstrong, 2015, p. 19, grifo nosso)

O *Manifesto futurista*, de Filippo Tommaso Marinetti (1876-1944), divulgado em 1909, foi um pontapé inicial nos movimentos de vanguarda. É um discurso inflamado, que afirma o desejo de "exaltar o movimento agressivo, a insônia febril, a corrida, o salto mortal, o soco e o tapa" nas artes (Marinetti, 2015, p. 21). Marinetti era, antes de tudo, um poeta, mas seus experimentos e ideais o trouxeram para o centro do palco do design. Em seus panfletos e livros, ele rompeu com a simetria, distorceu a tipografia e, utilizando muito da teoria dos elementos visuais básicos, criou páginas de intenso movimento, como ilustra a Figura 2.10.

Figura 2.10 – **Les môts en liberté futuristes, design de F. T. Marinetti, 1919**

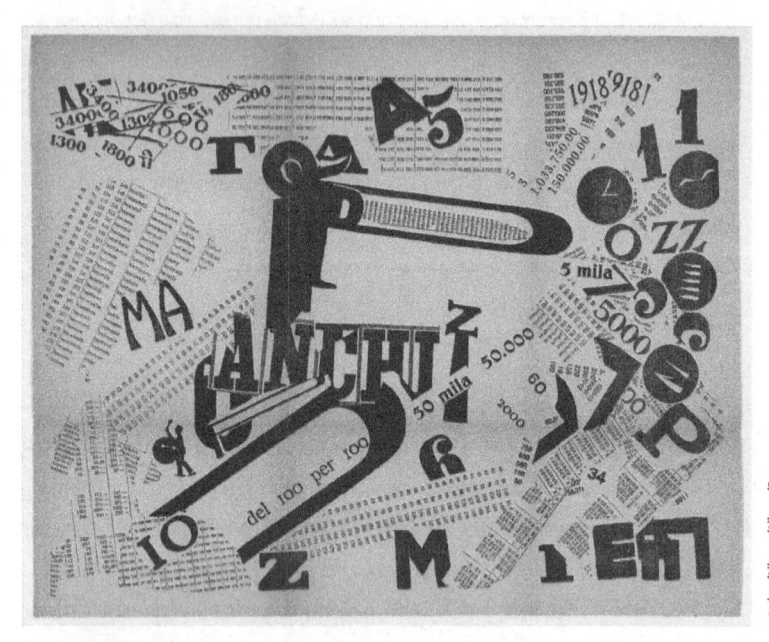

A Marinetti se somaram muitas outras vozes, conforme narram historiadores e teóricos do design e da arte, como Meggs e Purvis (2009) e Armstrong (2015). Na Holanda, o movimento *De Stijl* (O Estilo) defendeu a abstração, a universalidade e reduziu tudo ao essencial: cores primárias, formas básicas e linhas horizontais e verticais – como nas famosas telas de Piet Mondrian (1872-1944) ou nos projetos gráficos do húngaro Vilmos Huszár (1884-1960). A corrente do construtivismo russo, declarada por Aleksandr Ródtchenko (1891-1956), Várvara Stepánova

(1894-1958) e Aleksiéi Gan (1889-1942) num manifesto publicado em 1922, caracterizou o designer como figura essencial na construção da nova sociedade e exaltou a universalidade dos elementos visuais na comunicação:

NÓS – SOMOS O PRINCÍPIO

NOSSO TRABALHO É AGORA:

Uma caneca

Um escovão

Botas

Um catálogo

[...]

[...] tudo de novo... tudo em toda parte está sendo construído com *linhas* e *grids*.

CLARO QUE o quadrado existia anteriormente, a linha e o grid existiam anteriormente. Grande coisa. (Ródtchenko; Stepánova; Gan, 2015, p. 25, grifo do original)

El Lissítski (1890-1941) foi uma personalidade importante, que viajou muito e espalhou as ideias do construtivismo na Europa ocidental. Em muitas de suas criações, podemos observar uma fusão dos discursos escrito e pictórico (Figura 2.11). Como pensador, num ensaio intitulado *Nosso livro*, de 1926, ele fez uma análise profunda das formas e usos do livro e até mesmo previu os caminhos do futuro – com a fusão entre a palavra falada e a escrita que estamos alcançando somente agora, com os materiais multimídia e os *e-books*: "Hoje dispomos de duas dimensões para a palavra. Enquanto som, ela é função do tempo, e, enquanto representação, ela é função do espaço. O livro vindouro deve abranger essas duas funções. É assim que se vai superar o automatismo do livro atual" (El Lissítzki, 2015, p. 30).

Figura 2.11 – **Dlja golosa**, design de El Lissístski, 1923

Por fim, a Bauhaus, conforme Lupton e Miller (2019), veio para selar todos esses ideais e afirmar o uso das unidades visuais básicas como a essência de um novo design, que deveria ser humano e universal, para além da linguagem falada. Na composição de livros, László Moholy-Nagy (1895-1946) explorou especialmente – e ensinou, como professor da escola – o uso combinado de texto e fotos e sustentava a ideia de que a combinação entre texto e imagens reforçava a mensagem e diminuía a chance da ocorrência de ambiguidades. Ele defendia ainda "O uso desinibido de todas as direções lineares (portanto, não só a articulação horizontal). Utilizamos todos os tipos, tamanhos de tipos, formas geométricas, cores etc." (Meggs; Purvis, 2009, p. 405).

As atividades da Bauhaus foram encerradas de repente, em 1933, pelo Partido Nazista, que, na época, começava sua tenebrosa ascensão ao poder. Nos anos seguintes, muitos dos professores emigraram para outros países, especialmente para os Estados Unidos, o que ajudou a espalhar ainda mais as ideias da escola pelo mundo (Lupton; Miller, 2019).

CURIOSIDADE

Apesar de vanguardista no design, a Bauhaus não fez grandes avanços quanto à superação do machismo da época. A escola admitia mulheres – e o fundador, Walter Gropius, chegou a se surpreender quando viu que o número de matrículas de alunas era quase igual ao de alunos –, mas limitava o acesso delas a várias áreas. Depois dos estudos básicos, comuns aos dois gêneros, as mulheres eram encaminhadas a oficinas de artes consideradas menores, como a tecelagem e a cerâmica, com o argumento de que outras áreas, como a impressão, demandavam fisicamente mais (Smith, 2000).

Ainda assim, como que por uma brecha, o ateliê têxtil revelou alunas como: Gunta Stölzl, que criou o estofamento da cadeira Wassily; Anni Albers, a primeira artista mulher da área têxtil a expor individualmente no Museum of Modern Art (MoMA) de Nova Iorque; e Marianne Brandt, multiartista, designer industrial e fotógrafa. Alma Siedhoff-Buscher, famosa designer de móveis e brinquedos, destacou-se a partir de sua frequência ao ateliê de costura (Lupton; Miller, 2019). Vale a pena pesquisar e conhecer o trabalho dessas e outras talentosas pioneiras do design.

A Nova Tipografia surgiu como resposta à efervescência dos modernistas, em um momento no qual "parece que, acima de tudo, as pessoas queriam que as coisas fossem diferentes" (Tschichold, 2007, p. 37). A proposta consistia em uma tipografia limpa e rigorosa, de modo que, "em ordem de importância, venham em primeiro lugar legibilidade e clareza" (Tschichold, 2007, p. 41). Desse período herdamos várias das famílias sem serifa e das regras de composição de parágrafos.

Nos anos 1950 e 1960, o movimento denominado de Escola Suíça consolidou o uso da racionalidade e da objetividade como maneira de construir um design internacional, que transcendesse as barreiras culturais e de idioma. Como contribuição desse período, podemos destacar o estudo aprofundado do *grid* como elemento técnico eficiente na construção de projetos bi e tridimensionais.

Onde tudo isso se encaixa no design de livros? Não é exagero dizer que, por exemplo, toda vez que o designer inclina um texto, busca o movimento de Marinetti ou que, quando combina palavras e imagens, alude às ideias de El Lissístski e Moholy-Nagy. É como um grande monumento, construído ao longo de séculos, em que cada geração constrói sua parte sobre os tijolos assentados por quem trabalhou antes.

Para finalizar, observe, na Figura 2.12, a seguir, uma capa da revista Bauhaus, de 1928: Quantos elementos visuais básicos você consegue identificar?

Figura 2.12 – **Capa da revista *Bauhaus*, design de Herbert Bayer, 1928**

2.4 Elementos visuais básicos na era digital

Na era digital, ao contrário do que se possa supor – afinal, já se passou um século desde o início do movimento dos modernistas –, os elementos básicos da sintaxe visual não perderam nenhuma importância. De certo modo, podemos afirmar até que elas se tornaram mais importantes, como ferramentas para destacar algo num meio saturado de informações.

Além disso, enquanto no meio impresso – ou analógico, como se pode dizer – temos o leitor mergulhado em somente uma atividade, a leitura, no meio digital a luta pela atenção é muito maior. Por isso, é importante que o designer domine bem a teoria dos elementos visuais para que funcionem a seu favor.

Quanto ao valor estético, também nada mudou. Assim como Seurat conseguia compor obras usando apenas pontos e cores, esses mesmos elementos podem ser empregados em composições digitais – com a vantagem de se utilizar o movimento real por meio da animação.

PARA SABER MAIS

Caso queira se aprofundar nas teorias modernistas e no enfoque mais conceitual do design e das artes visuais, existem no Brasil algumas obras publicadas do russo Wassily Kandinsky, o qual, além de entrar para a história como o pioneiro da arte abstrata – que, em última análise, se comunica por meio de elementos visuais puros –, foi um dos mais destacados professores da Bauhaus.

KANDINSKY, W. **Curso da Bauhaus**. São Paulo: M. Fontes, 1996.

KANDINSKY, W. **Do espiritual na arte**. 3. ed. São Paulo: M. Fontes, 2015.

KANDINSKY, W. **Ponto e linha sobre plano**. 2. ed. São Paulo: M. Fontes, 2012.

SÍNTESE

Existem dez elementos visuais sobre as quais se constrói o *design*: ponto, linha, forma, direção, tom, cor, textura, escala, dimensão e movimento. Eles são unidades irredutíveis, de compreensão instantânea e universal e podem ser classificados como conceituais, visuais e relacionais.

O ponto, a linha e a forma estão mais ligados à construção geométrica das imagens; eles captam a atenção, relacionam-se entre si e podem ter personalidades diferentes. A direção pode ser horizontal, vertical ou diagonal e, se utilizada para alinhar elementos visuais, transmite significados diferentes.

O tom é uma qualidade associada às nossas percepções de claro e escuro. A cor, talvez o elemento visual mais poderoso, pode despertar sentimentos profundos. As texturas transcendem o sentido da visão e ativam sensações táteis.

A escala, a dimensão e o movimento são determinados pela relação dos elementos de uma composição. A escala define tamanhos grandes e pequenos, a dimensão simula a tridimensionalidade, e o movimento, que pode ser sugerido e não literal, é o que dá dinamismo ao conjunto e nos faz movimentar os olhos pela página.

Os elementos visuais foram exaustivamente estudados pelos modernistas no final do século XIX e início do XX. A Bauhaus, escola alemã de design, arquitetura e artes visuais, disseminou essas teorias pelo mundo inteiro. Ainda hoje, no século XXI, no mundo digital, os elementos ou unidades visuais são poderosos aliados na transmissão de mensagens visuais.

QUESTÕES PARA REVISÃO

1. Leia as afirmativas sobre os elementos básicos da comunicação visual e, em seguida, assinale a alternativa correta.

    I. São parte de teorias muito aplicadas nos séculos passados, mas que vêm perdendo utilidade atualmente.
    II. Podem ser classificados como conceituais, visuais e relacionais.
    III. Podem ser divididos em elementos ainda menores e mais fundamentais.

    a. Somente a afirmativa I está correta.
    b. Somente a afirmativa II está correta.
    c. As afirmativas I e III estão corretas.
    d. Todas as afirmativas estão incorretas.
    e. Todas as afirmativas estão corretas.

2. Os elementos visuais básicos podem ser classificados como **conceituais**, **visuais** e **relacionais**, e alguns deles podem desempenhar mais de um papel. Considere as afirmativas a seguir e, depois, assinale a alternativa correta.

I. Um elemento conceitual não é necessariamente visível, mas parece estar presente e é sugerido por outros elementos. O ponto, a linha e a forma se enquadram nessa categoria.

II. Os elementos visuais são sempre visíveis, como o tom, a cor e a textura. O ponto, a linha e a forma, se explicitamente desenhados, também se encaixam nesse caso.

III. Os elementos relacionais somente se manifestam quando há a comparação entre dois ou mais conceitos. Os exemplos podem ser a direção, a escala, a dimensão e o movimento.

a. Somente a afirmativa I está correta.
b. Somente a afirmativa II está correta.
c. As afirmativas I e III estão corretas.
d. Todas as afirmativas estão incorretas.
e. Todas as afirmativas estão corretas.

3. Sobre o movimento como elemento visual básico, assinale a alternativa **incorreta**:

   a. O movimento é a sensação de que um elemento está seguindo um caminho na página, ainda que não se mova literalmente.
   b. O movimento pode ser sugerido por estratégias visuais, como insinuar direções, variar escalas ou manipular cores e tons.
   c. Somente se pode considerar movimento o que observamos em livros eletrônicos, animações e vídeos.

d. Um *grid* bem ordenado pode guiar o movimento do olhar do leitor ao longo de uma página.

e. *Pop-ups*, *tunnels*, *flaps*, *pull-tabs* e *volvelles* são recursos de arquitetura de papel capazes de adicionar movimento real aos livros impressos.

4. Cite algumas características de personalidade que podemos atribuir a cada uma das três formas básicas – quadrado, triângulo e círculo.

5. Levando em conta o exposto neste capítulo e no anterior a respeito das vanguardas do início do século XX, aponte o que há de comum entre os trabalhos dos designers modernistas e os da atualidade?

QUESTÃO PARA REFLEXÃO

1. Assim como o design, todas as artes visuais estão construídas sobre elementos básicos. Observando-se atentamente, é possível enxergar o "esqueleto" de uma obra, ou seja, as estruturas elementares que transmitem a mensagem dessa obra. Como exemplo, podemos pensar na xilogravura *A grande onda de Kanagawa*, de Katsushika Hokusai (1760-1849), artista japonês que trabalhou também com ilustração de livros.

Figura A – **A grande onda de Kanagawa, Katsushika Hokusai, ca. 1830-1831**

Hokusai, K. **A grande onda de Kanagawa**. 1830-1832. Gravura: 25,7 × 37,9 cm. Museu Metropolitano de Arte, Nova Iorque.

A imagem é dramática. Podemos, de forma muito simplificada, observar os elementos básicos da comunicação visual mostrados a seguir.

Figura B – **Esquema de elementos básicos**

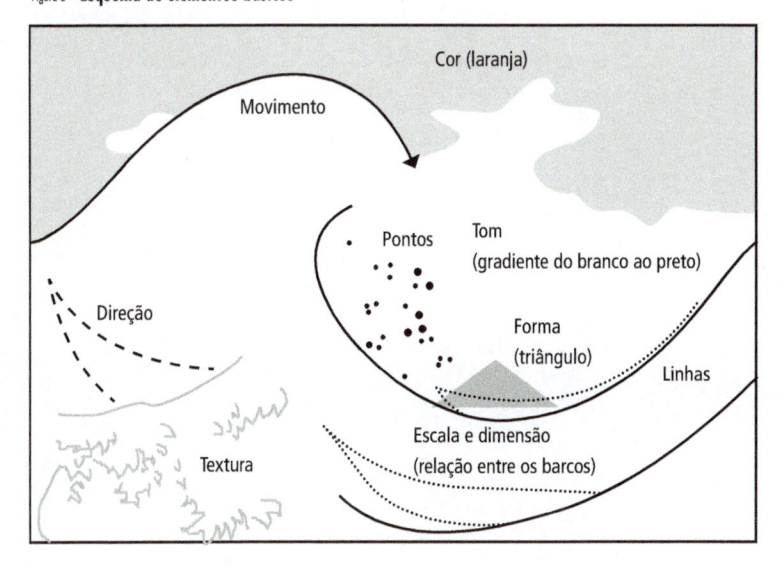

Escolha algumas imagens, como capas de livro, cartazes ou obras de arte (a capa de Herbert Bayer, reproduzida na Figura 2.12, pode ser uma boa referência), e faça essa mesma decomposição, observando quais elementos foram utilizados, como se combinaram entre si e que mensagens eles passam.

Billion Photos/Shutterstock

CAPÍTULO 3

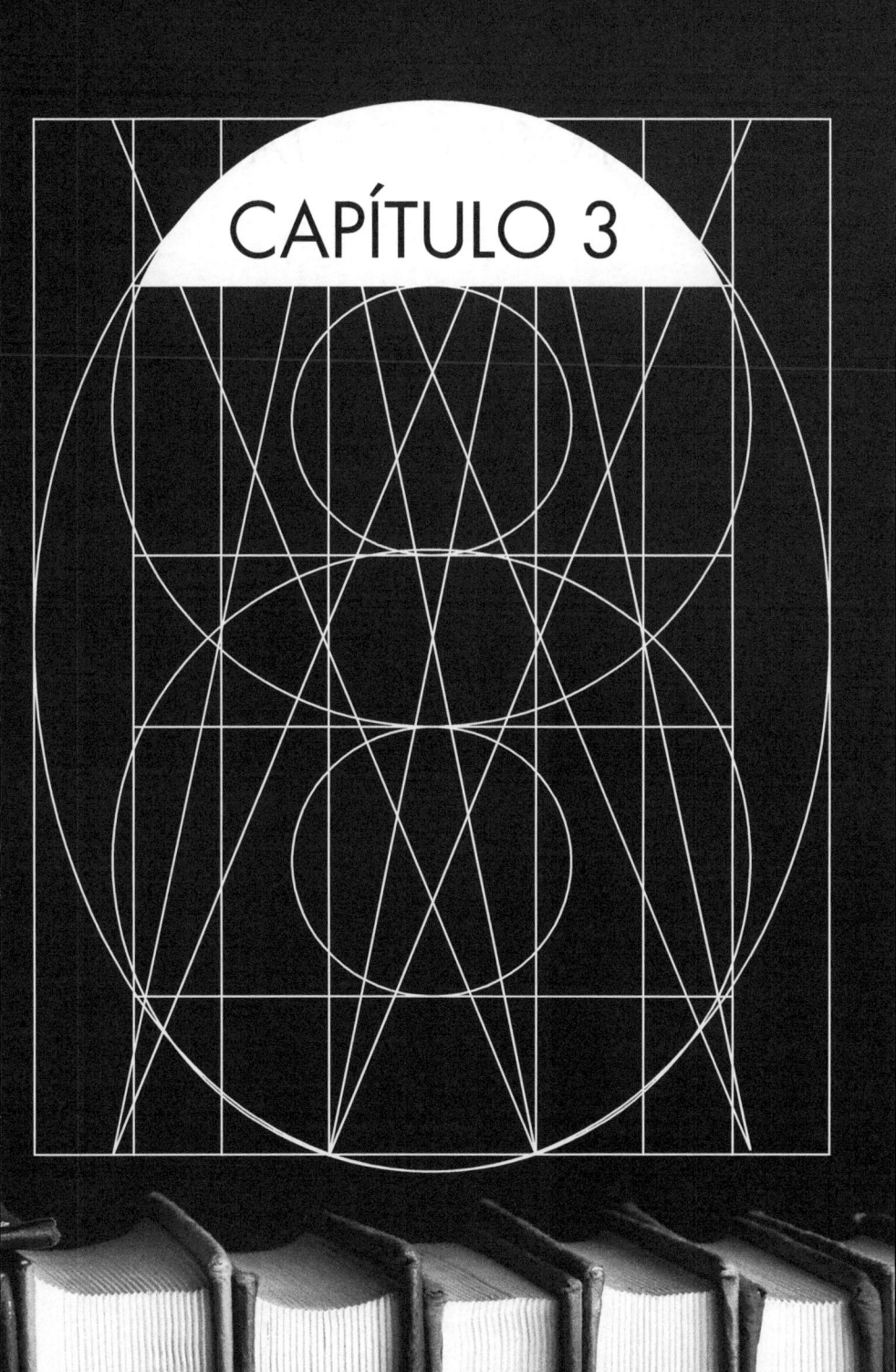

COMPOSIÇÃO E *LAYOUT*

CONTEÚDOS DO CAPÍTULO:
- Princípios de design.
- Conceitos e elementos básicos de tipografia.
- O uso de cores e imagens.
- A definição da hierarquia.
- A importância dos espaços em branco.
- *Layout*.

APÓS O ESTUDO DESTE CAPÍTULO, VOCÊ SERÁ CAPAZ DE:
1. refletir sobre detalhes e recursos visuais que compõem um livro;
2. decidir como aplicar esses detalhes e recursos no *layout*.

3.1 **Princípios de design**

Embora os livros tenham mudado em tantos séculos de história – e mudem cada vez mais rapidamente –, alguns elementos de sua composição continuam fundamentais. Mesmo nos formatos digitais, ainda é essencial pensar em certas convenções, consagradas ao longo desses séculos, para possibilitar e tornar mais agradável a tarefa dos leitores.

O estudo da composição e do *layout* trata disso: diversos elementos visuais de que o designer pode dispor para comunicar a mensagem do texto. Junta-se um pouco de tipografia com um punhado de imagens, mais um tanto de acabamentos, uma pitada de cor e aí está. O grande desafio é orquestrar tudo isso de forma harmônica. Não existe uma maneira única, somente a solução que se encontrou, naquele momento, para determinado problema.

Alguns dos princípios do design podem ajudar na organização e na harmonia de uma boa página. Vamos refletir, em especial sobre alguns deles: proximidade, alinhamento, equilíbrio, contraste e repetição.

3.1.1 **Proximidade**

A proximidade é o princípio que agrupa os elementos na página. Itens relacionados devem estar mais próximos – como uma imagem junto à sua legenda explicativa –, enquanto os de diferentes categorias podem estar mais distantes – por exemplo, a separação entre o texto dos parágrafos e as notas de rodapé.

Mas não se trata somente de distâncias e espaços: é interessante pensar que se pode agrupar e relacionar elementos criando similaridades entre eles, na tipografia, nas cores, nas formas ou nos tamanhos.

Quanto maior for a complexidade do conteúdo, mais importante será a criação de regras de proximidade. Assim, o leitor poderá prosseguir sem confusão.

Figura 3.1 – **Proximidade**

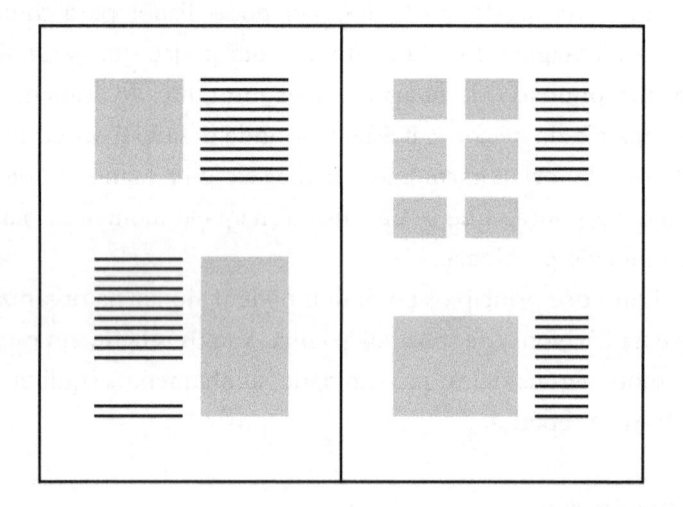

3.1.2 **Alinhamento**

Outro princípio que favorece a disposição das informações no *layout* é o alinhamento, que nada mais é do que colocar coisas numa mesma linha: o eixo. Especialmente em livros de conteúdo mais extenso, o alinhamento é fundamental para a leitura agradável.

Os eixos de um *layout* podem ser horizontais, verticais, diagonais ou até curvos – e esta é uma boa oportunidade para aplicar o conceito de direção, que vimos ao tratarmos dos elementos básicos da comunicação visual. Definido um eixo, basta organizar as informações de acordo com os critérios estabelecidos – um único ou a combinação de vários (à direita, à esquerda, ao centro, acima e/ou abaixo).

Figura 3.2 – **Tipos de eixos**

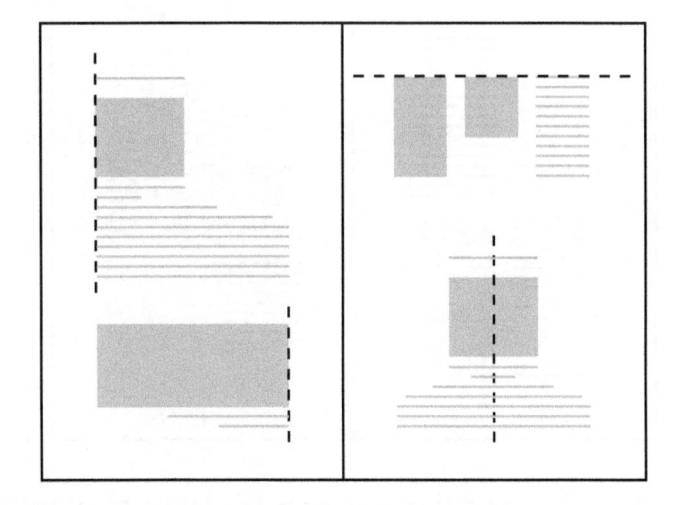

3.1.3 **Equilíbrio**

Mais um princípio que pode ajudar o designer é o equilíbrio, que está relacionado aos pesos visuais e à ocupação dos espaços.

Repare como, num *layout*, é quase relaxante notar, por exemplo, que a uma informação visual do lado esquerdo outra se opõe do lado direito.

O equilíbrio também é obtido pela disposição dos elementos em relação a um eixo central e pode ser alcançado não somente pela simetria, mas também pela assimetria. Como a balança visual não é tão exata quanto a matemática, os pratos não precisam ter necessariamente o mesmo peso.

Figura 3.3 – **Equilíbrio simétrico e assimétrico**

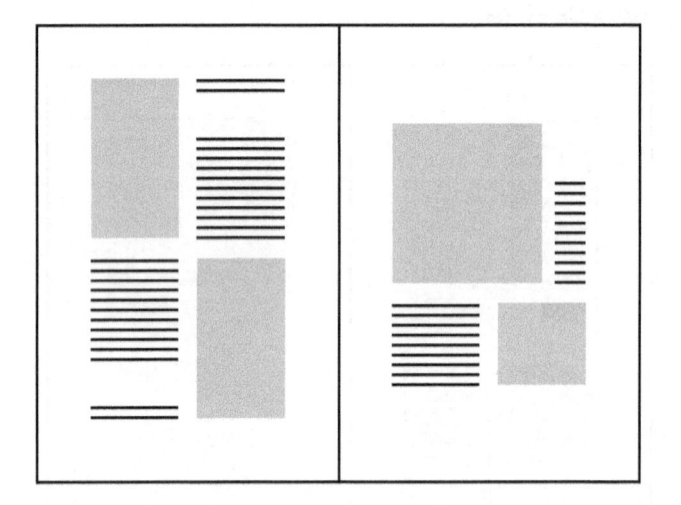

PRESTE ATENÇÃO!

O centro geométrico (CG) é o centro matemático, exato, de uma superfície. Já o centro ótico (CO) envolve vários fatores subjetivos e refere-se ao ponto de maior atenção do observador, aquele que seria o primeiro pedaço da página em que o leitor baterá o olho.

Existem muitas teorias sobre o assunto e métodos para determinar o CO. O método mais simples talvez seja o seguinte: depois de traçar as diagonais que determinam o CG, traçam-se novas diagonais na metade da página e encontra-se o cruzamento dos dois conjuntos, conforme o diagrama da Figura 3.4, a seguir.

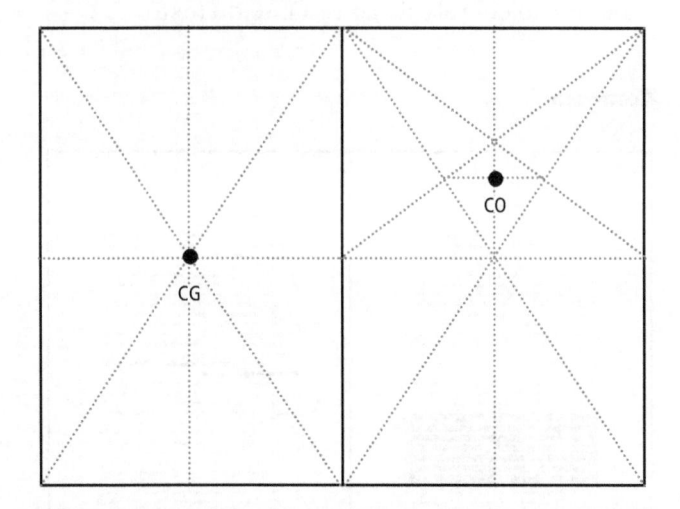

Figura 3.4 – **Centro geométrico (CG) e centro ótico (CO)**

3.1.4 **Contraste**

O contraste é o princípio do design que destaca os elementos, criando diferenças entre eles. A primeira ideia que a palavra *contraste* suscita é a de luz e sombra, porém aqui ela deve ser entendida de maneira mais ampla, como a contraposição de duas qualidades visuais: por exemplo, pequeno e grande, *light* e *bold*, serifado e sem serifa, quadrado e redondo.

No design de livros, as informações têm diferentes pesos, e o contraste é um excelente recurso para definir essa hierarquia. O contraste aumenta ou diminui a importância visual não somente de informações pontuais, mas, se necessário, de áreas inteiras no *layout*. Ele também pode ser útil para quebrar a monotonia de uma página em que todos os elementos têm o mesmo peso.

Na Figura 3.5, observe dois exemplos de como o contraste realça um trecho em relação ao restante do texto.

Figura 3.5 – **Contraste**

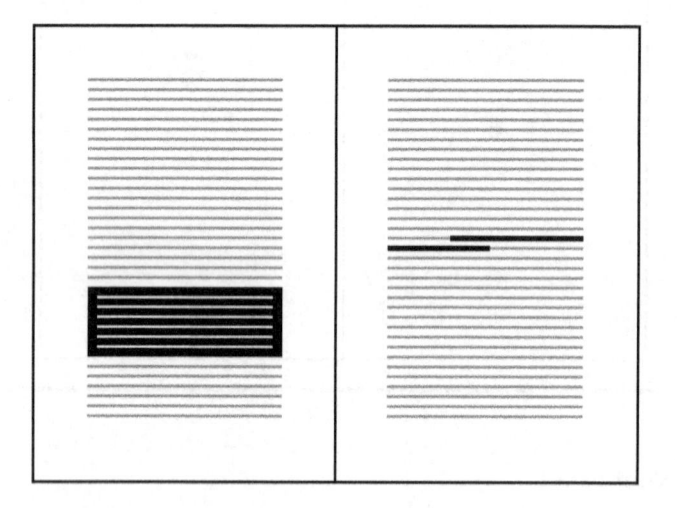

3.1.5 Repetição

A repetição ajuda o designer a conseguir consistência, uma qualidade especialmente útil no design de livros. A repetição de alguns elementos no *layout* auxilia o leitor na identificação de padrões, enquanto a falta desses elementos pode deixá-lo sem referência.

O elemento de repetição pode ser uma cor, uma linha, a aplicação de itálicos ou negritos. Em materiais digitais, é padrão que palavras sublinhadas ou destacadas em determinada cor sejam *links*: sabemos que podemos clicar ou tocar sobre elas. Já num livro impresso, por exemplo, é possível levar o leitor a considerar que palavras com determinado destaque estejam presentes no glossário.

Outra consequência da repetição é a regularidade. Quando lemos um livro, viramos uma página já esperando que a leitura da próxima se inicie no mesmo local, o que torna a tarefa mais fluida, como esquematizado na Figura 3.6. Iniciar cada página num lugar diferente causa uma quebra no fluxo.

Figura 3.6 – **Repetição**

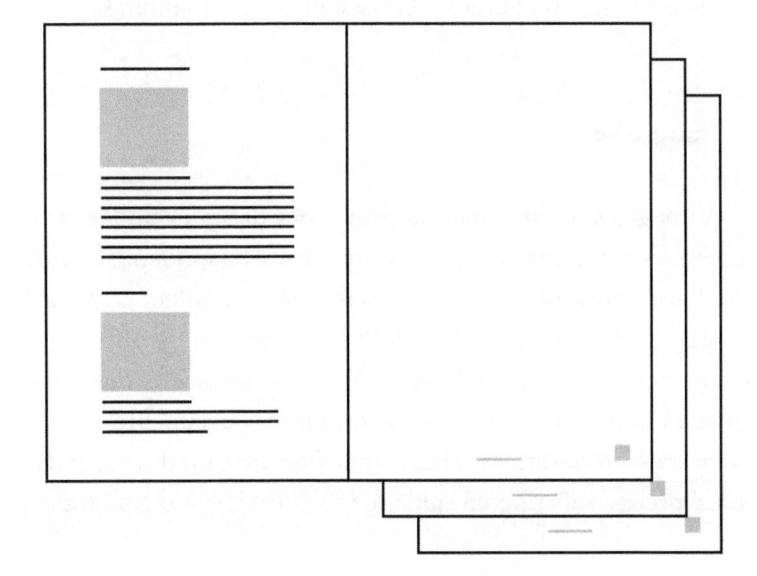

Contudo, apesar desse caráter tão ordeiro, a repetição exagerada pode causar ruído. Você talvez já tenha se deparado com um livro que conte com uma pequena ilustração no rodapé de todas as páginas; isso pode ser algo interessante no começo, mas acaba cansativo depois de um tempo. Um bom critério, então, para não cometer exageros é utilizar a repetição somente quando ela servir para organizar informações relevantes: o que for acessório não precisa aparecer sempre.

Cabe notar, ainda, que, ao utilizar esses cinco princípios, o efeito geral obtido é de harmonia – tudo parece estar no lugar onde deveria estar. O contrário, porém, também acontece, o que pode criar efeitos interessantes. A quebra da repetição é muito útil para marcar o fim de um capítulo e o início do próximo. Romper o alinhamento pode criar provocações em, por exemplo, poemas de protesto. Um conto de terror não precisa ser visualmente equilibrado. As possibilidades são muitas.

3.2 Tipografia

"A tipografia é uma matéria-prima. Ser designer tipográfico é como ser o designer de uma cor de tinta. Não pintamos a casa, não decoramos a casa, só oferecemos a cor" (Jonathan..., 2019). É assim que Jonathan Hoefler (1970-), designer tipográfico americano, resume a especialidade. Os livros, objetos compostos, em sua maioria, por textos escritos, fazem obviamente muito uso dessa matéria-prima. Mas, assim como no caso das cores da casa, é preciso refletir com cuidado sobre a escolha da tipografia.

Decidir quais fontes utilizar é uma das partes mais importantes num projeto editorial. Séculos atrás, quando os livros eram impressos nos tipos móveis de Gutenberg, não havia muito a decidir – utilizavam-se os tipos de que o impressor dispunha, e era caro ter muitos deles. Na atualidade, porém, a revolução digital trouxe, junto com a diversidade, o problema de haver muitas fontes, assim como todos os outros recursos, à disposição.

Na composição de livros, é indicado que, sempre que possível, a forma esteja relacionada ao conteúdo, isto é, que o design seja um aliado do texto. A tipografia é uma poderosa ferramenta visual; ela expressa ideias, inspira sentimentos, e o desenho das letras influencia bastante na sensação que o designer deseja atrelar ao texto.

Portanto, para reforçar as ideias do texto e servir bem à mensagem transmitida pelo autor, o designer deve procurar os "problemas" específicos de cada original (Hendel, 2006). Há muitas palavras em itálico ou negrito? Existem muitos títulos e subtítulos? Será necessário usar caracteres especiais ou compor fórmulas matemáticas? A que tipo de público o autor se dirige?

É claro que há espaço também para o estilo pessoal. Afinal, se somente esses fatores objetivos determinassem a composição dos livros, um aplicativo poderia fazer tudo sozinho. Também não há uma fórmula certa para solucionar nenhum dos tais "problemas": há, por exemplo, estudos que mostram que as fontes serifadas são melhores para a leitura, enquanto outros, igualmente sérios, apontam exatamente o contrário.

De todo modo, existem vários pequenos desafios tipográficos com que o designer vai se deparar. É preciso conhecer as fontes de que se dipõe e testá-las para escolher um caminho para cada caso. Mais adiante, no Capítulo 6, retomaremos o tema da escolha de tipos e tamanhos de fontes. Por agora, comentaremos alguns detalhes que podem ajudar na composição como um todo.

CURIOSIDADE

Lorem ipsum é um texto de marcação utilizado há décadas por designers de todo o mundo para preencher espaços em projetos editoriais. Dessa forma, enquanto não recebe o conteúdo final, o designer pode simular e ajustar a diagramação. O trecho foi retirado do discurso *Os extremos do bem e do mal*, escrito pelo cônsul romano Cícero no século I a.C. A passagem comumente usada é esta: "Lorem ipsum dolor sit amet, consectetur adipiscing elit, sed do eiusmod tempor incididunt ut labore et dolore magna aliqua. Ut enim ad minim veniam, quis nostrud exercitation ullamco laboris nisi ut aliquip ex ea commodo consequat" (Pater, 2020, p. 55).

Outro texto, mais curto, que se tornou famoso entre designers e tipógrafos – e que aparece em vários *softwares* – é *The quick brown fox jumps over the lazy dog*[1], assim registrado pela primeira vez num manual de taquigrafia e caligrafia do século XIX (Bronson-Salmon, 1888). Ele é muito útil para visualizar o conjunto de caracteres de uma fonte, pois é um pangrama, ou seja, uma frase que contém todas as letras do alfabeto (pode conferir, estão todas ali). Caso se deseje uma frase em português, uma pesquisa na internet pode encontrar pangramas divertidos, como "Um pequeno jabuti xereta viu dez cegonhas felizes" (Mendonça Júnior, 2014).

---

[1] "A rápida raposa marrom pula por cima do cão preguiçoso" (Bronson-Salmon, 1888, tradução nossa).

3.2.1 **Termos básicos de tipografia**

O desenho de tipo é uma área vasta, objeto de estudos mais aprofundados. Para desenhar um único tipo, é necessário conhecer e compreender conceitos como os de barra, haste, elo, cotovelo, barriga e gota.

Quando trata de um projeto gráfico, no entanto, é interessante que o designer de livros domine uma parte básica desses conhecimentos, de modo a fazer uma escolha consciente das famílias que vão compor os materiais. A seguir, as Figuras 3.7 e 3.8 apresentam, em linhas gerais, algumas dessas nomenclaturas, as mais corriqueiras quando se trabalha em projetos de publicações e das quais trataremos na sequência

Figura 3.7 – **Nomenclatura básica de elementos tipográficos**

Figura 3.8 – **Linhas e medidas tipográficas**

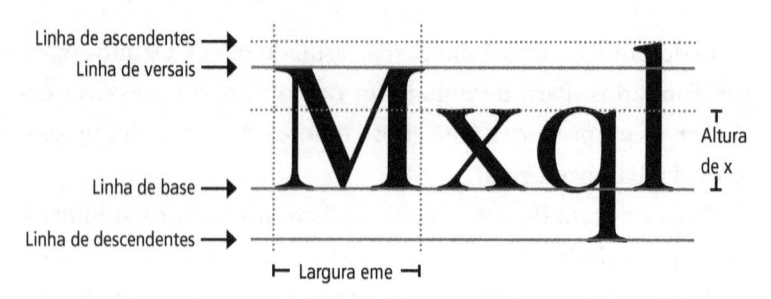

Linha de ascendentes →
Linha de versais →

Linha de base →

Linha de descendentes →

⊢ Largura eme ⊣

Altura de x

De modo resumido, os tipos se alinham, na parte inferior, pela linha de base. Acima dela sobem a **altura x** – que é a altura das letras de **caixa-baixa** ou minúsculas –, a **linha de versais** – por onde se alinham as letras de **caixa-alta** ou maiúsculas – e a **linha de ascendentes** – que são as letras minúsculas com traços que sobem acima da altura x. Para baixo, existe a **linha de descendentes** – por onde se alinham as letras que têm traços que descem. O ajuste do espaço entre um caractere e outro chama-se *kerning*. Os caracteres que representam números são mais comumente chamados de **algarismos** e há caracteres especiais em que duas letras se ligam numa só, num desenho harmônico, chamados **ligaturas**.

IMPORTANTE!

Os caracteres são medidos, tradicionalmente, em pontos (pt) e paicas, unidades criadas nos tempos das tipografias manuais. Um ponto equivale a 1/72 de polegada, e 12 pontos formam uma paica (Bringhurst, 2005). Esse mesmo sistema foi transposto para sistematizar o tamanho do corpo nas fontes digitais, de modo que, por exemplo, a indicação Baskerville 10 pt significa que está sendo usada a fonte Baskerville com uma altura (corpo), da linha de descendentes até a linha de ascendentes, de 10 pontos.

Aqui há uma curiosidade e um complicador: por questões de tradição, as fontes norte-americanas e inglesas utilizam o ponto paica (ora descrito), enquanto as europeias utilizam o ponto Didot, ligeiramente maior (1/67,5 de polegada). Consequentemente, uma fonte de design europeu em corpo x é um pouco maior que uma norte-americana de mesmo corpo.

3.2.2 Início de parágrafos

A maneira como se inicia um novo parágrafo num texto é uma discussão antiga entre os designers. Tschichold (2007) escreveu em 1951 um ensaio explicando por que todos os parágrafos devem começar com um recuo; por outro lado, Bringhurst (2005) defendia que o primeiro parágrafo após um título não precisa de recuo, já que o título marcou a quebra.

Independentemente do caminho escolhido, o objetivo é que o leitor saiba que o autor terminou um parágrafo e iniciou outro. A forma mais comum é o espaço de um travessão eme ou o chamado *quadratim*, que é o espaço tipográfico com largura igual ao corpo da fonte – corpo 12 pt resultaria, então, num recuo de 12 pt horizontais.

Projetos digitais, por sua vez, costumam não usar recuo, e todos os parágrafos começam no mesmo alinhamento. A quebra de parágrafos é marcada por entrelinhas adicionais, espaços verticais entre um e outro.

O recuo e o espaço vertical não são, contudo, as únicas opções. Projetos gráficos mais ousados podem adotar, por exemplo, pontos, linhas ou ornamentos para marcar o início de um novo parágrafo.

Figura 3.9 – **Exemplos de início de parágrafo**

Lorem ipsum dolor sit amet, consectetur adipiscing elit, sed do eiusmod tempor incididunt ut labore et dolore magna aliqua.
   Ut enim ad minim veniam, quis nostrud exercitation ullamco laboris nisi ut aliquip ex ea commodo consequat.

Lorem ipsum dolor sit amet, consectetur adipiscing elit, sed do eiusmod tempor incididunt ut labore et dolore magna aliqua.
   Ut enim ad minim veniam, quis nostrud exercitation ullamco laboris nisi ut aliquip ex ea commodo consequat.

Lorem ipsum dolor sit amet, consectetur adipiscing elit, sed do eiusmod tempor incididunt ut labore et dolore magna aliqua.

Ut enim ad minim veniam, quis nostrud exercitation ullamco laboris nisi ut aliquip ex ea commodo consequat.

Lorem ipsum dolor sit amet, consectetur adipiscing elit, sed do eiusmod tempor incididunt ut labore et dolore magna aliqua.
   ¶ Ut enim ad minim veniam, quis nostrud exercitation ullamco laboris nisi ut aliquip ex ea commodo consequat.

IMPORTANTE!

Em livros literários de poesia e de algumas formas de prosa, os recuos nos parágrafos são planejados intencionalmente pelo autor. Também podem ser utilizadas entrelinhas adicionais – ou "saltos" de linha – para separar as estrofes, bem como alinhamentos diferentes para cada trecho. Essa formatação deve ser reproduzida o mais fielmente possível na diagramação.

3.2.3 Itálico, negrito e sublinhado

Ao longo do tempo, o itálico deixou de ser uma opção para compor textos inteiros e tornou-se o padrão para grifar palavras estrangeiras, como *layout*. Ele pode ser também uma maneira mais sutil, comparada ao negrito, de destacar palavras ou termos – embora, vale observar, esse não seja o padrão de uso da Associação Brasileira de Normas Técnicas (ABNT) e pode não ser apropriado em publicações de cunho técnico ou acadêmico.

Já o negrito (ou *bold*) é, por convenção, adotado para palavras que tenham de se destacar das outras no texto (lembra-se do princípio do contraste?). Dependendo da fonte, pode existir mais de uma graduação de peso – denominação, em tipografia, que se refere à espessura dos caracteres –, como *semibold*, *black* e *extra black*. Especialmente nas fontes para uso digital, é comum também a utilização de números (centenas, no caso), sendo 100 o peso mais leve e 900 o mais pesado.

Embora não se trate de uma variação de desenho, o sublinhado é igualmente uma maneira de marcar destaques e, em particular nos projetos digitais, *links* clicáveis.

O importante é que os padrões escolhidos sejam repetidos por todo o livro e, se for o caso, pela coleção (e aqui lembramos do princípio da repetição), para que o leitor interprete corretamente cada tipo de destaque.

3.2.4 **Marcadores ou *bullets***

Os itens de uma lista são marcados por sinais chamados *marcadores* ou *bullets*. Eles podem ser pequenos símbolos como círculos, quadrados, traços ou setas, à escolha do designer, de acordo com o projeto gráfico; se os itens forem contados, é possível adotar algarismos arábicos, numerais romanos ou letras.

No texto, pode existir também uma hierarquia entre os itens, com marcadores primários, secundários, terciários etc. Nesses casos, é necessário prever diferenças entre os marcadores para ajudar o leitor a distinguir claramente os níveis envolvidos: além de usar símbolos diferentes para as categorias, é interessante criar alinhamentos diferentes para cada uma.

Figura 3.10 – **Marcadores e hierarquia**

- Lorem ipsum dolor sit amet, consectetur adipiscing elit;
- Sed do eiusmod tempor incididunt;
- Ut labore et dolore magna aliqua;
- Ut enim ad minim veniam, quis nostrud exercitation ullamco laboris nisi ut aliquip

› Lorem ipsum dolor sit amet, consectetur adipiscing elit;
› Sed do eiusmod tempor incididunt;
› Ut labore et dolore magna aliqua;
› Ut enim ad minim veniam, quis nostrud exercitation ullamco laboris nisi ut aliquip

- Lorem ipsum dolor sit amet, consectetur adipiscing elit:
  › Sed do eiusmod tempor incididunt;
  › Ut labore et dolore magna aliqua.
- Ut enim ad minim veniam, quis nostrud exercitation ullamco laboris nisi ut aliquip ex ea commodo consequat.

- Lorem ipsum dolor sit amet, consectetur adipiscing elit:
  › Sed do eiusmod tempor incididunt:
    · Ut labore et dolore magna aliqua.
    · Ut enim ad minim veniam, quis nostrud exercitation ullamco laboris nisi ut aliquip ex ea commodo con-

3.2.5 **Capitulares**

Outra maneira de marcar o início de um parágrafo é destacar a primeira letra dele. Essa é uma herança direta das magníficas capitulares desenhadas pelos iluminadores nos manuscritos da Idade Média.

A capitular é utilizada normalmente no primeiro parágrafo de um capítulo e pode, de acordo com o efeito que se queira atingir, alinhar-se de diferentes maneiras ao parágrafo. Quanto ao desenho, as variações vão da simples ampliação da letra, na mesma fonte do texto, a ilustrações especiais, como faziam os iluminadores.

Outra forma de abrir um parágrafo com capitulares é destacar não somente uma letra, mas palavras inteiras. O designer pode optar por destacar apenas a primeira palavra ou algumas delas.

Figura 3.11 – **Capitulares**

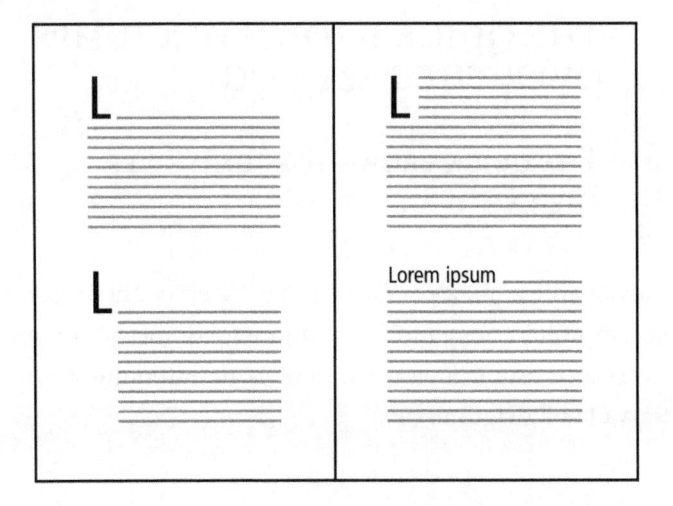

3.2.6 Caixa-alta, caixa-baixa e versalete

O alfabeto latino, e consequentemente a tipografia, prevê o uso de letras maiúsculas e minúsculas num texto. No meio editorial, as maiúsculas são chamadas de *caixa-alta*, e as minúsculas, de *caixa-baixa*. As maiúsculas cujo desenho ocupa toda a altura do caractere são, na tipografia, as versais.

As versaletes são uma maneira mais elegante e tradicional de grafar palavras em caixa-alta (Bringhurst, 2005). Diferentemente das versais, elas se alinham à altura x dos caracteres, sendo, na prática, letras maiúsculas com tamanho de minúsculas. Esses tipos não são somente uma versão achatada das versais, ganhando dos tipógrafos um desenho especial. Podem ser uma boa opção para compor textos com muitas siglas ou até para os destaques de títulos.

Figura 3.12 – **Versais (1) e versaletes (2)**

1 THE QUICK BROWN FOX JUMPS OVER THE LAZY DOG.

2 THE QUICK BROWN FOX JUMPS OVER THE LAZY DOG.

Novamente aqui, a poesia pode ser exceção. Há poetas que preferem utilizar somente letras minúsculas, mesmo no início dos versos, e essa é uma característica de estilo que deve ser preservada na diagramação.

3.2.7 **Algarismos**

Algumas fontes têm algarismos grafados todos com a mesma altura, enquanto outras utilizam uma combinação de algarismos ascendentes e descendentes. Os primeiros são os algarismos modernos, também chamados de *versais*, *titulares*, *alinhados* ou *bodonianos* – em referência ao tipógrafo italiano Giambattista Bodoni (1740-1813). Os segundos são os algarismos antigos, de texto ou elzevirianos – em homenagem a Louis Elzevir (1540-1617), patriarca de uma família de tipógrafos que atuaram nos séculos XVI e XVII nos Países Baixos (Bringhurst, 2005; Meggs; Purvis, 2009).

Quanto a conteúdo, os dois tipos cumprem a mesma função. Porém, o resultado visual é bastante diferente – no passado, os tipógrafos mais puristas criticavam fortemente o uso dos algarismos alinhados. De modo geral, os algarismos antigos podem trazer um ar clássico à composição; já os modernos, por serem mais alinhados, criam menos quebras visuais.

Em denominações que combinem caixa-alta e numerais – como em B 612, nome do asteroide de onde veio o Pequeno Príncipe (Saint-Exupéry, 2018), personagem do livro de Antoine de Saint-Exupéry (1900-1944) –, os algarismos de texto se harmonizam mais com versaletes, enquanto os algarismos titulares combinam com versais (Figura 3.13).

Figura 3.13 – **Algarismos versais (1) e algarismos de texto (2)**

1   0123456789   2   0123456789
   Asteroide B612   Asteroide B612

3.2.8 Sobrescrito e subscrito

Sobrescrito é o nome dado a algarismos ou letras que são diminuídos e postos acima da linha da altura x dos demais caracteres. Já os subscritos são os deslocados para baixo da linha de base.

Nos livros, sobrescritos são normalmente adotados para indicar e organizar as notas de rodapé. A numeração pode, de acordo com o padrão da editora, continuar por todo o livro ou ser reiniciada a cada capítulo. Os subscritos são mais comuns em fórmulas matemáticas ou composições químicas; ambos requerem atenção para não serem perdidos na importação do texto original para a diagramação.

Figura 3.14 – **Sobrescritos (1) e subscritos (2)**

1   The quick brown fox^1 jumps over the lazy dog^2.

2   The quick brown fox$_1$ jumps over the lazy dog$_2$.

Como esses caracteres acabam muito pequenos na página, algumas fontes, especialmente as de traços mais finos, podem dificultar a visualização. Nesses casos, é interessante considerar a aplicação dos sobrescritos e dos subscritos num peso diferente ou até mesmo em outra fonte.

3.2.9 **Pontuação**

Além do papel principal e inegável que a pontuação assume no campo da linguagem, ela pode também ser utilizada como elemento de composição do projeto gráfico. É possível, por exemplo, destacar os pontos de interrogação ou exclamação para evidenciar os sentimentos do personagem num livro infantil ou utilizar grandes aspas para marcar citações longas numa revista – recurso muito usado também em *blogs* e publicações digitais.

As aspas, aliás, são um sinal de pontuação que merece atenção especial: existem as aspas simples e as aspas duplas, e tipógrafos alertam também para as aspas falsas (Figura 3.15). Optar por uma ou outra pode trazer ares mais clássicos ou contemporâneos ao projeto.

Figura 3.15 – **Aspas simples, duplas e falsas**

'Lorem ipsum'   "Lorem ipsum"   "Lorem ipsum"

3.2.10 **Travessões, traços e hífenes**

O travessão eme surgiu na época dos antigos tipos móveis, como um caractere utilitário que ocupasse toda a largura da peça de metal – em algumas fontes de desenho mais expandido, isso é o equivalente a uma letra "M" maiúscula, a mais larga das 26 do alfabeto. Com o passar do tempo, tornou-se o padrão para marcar diálogos ou interrupções — como quando o autor faz digressões como esta em um parágrafo. O traço ene, também conhecido como *meia-risca*, é um pouco mais curto – tem a largura aproximada de uma letra "N" maiúscula e, idealmente, metade do travessão eme – e pode ser uma alternativa menos agressiva para os mesmos usos (Bringhurst, 2005; Tschichold, 2007)

O hífen, mais curto, deve ser reservado a usos específicos da língua, na separação de sílabas e em palavras compostas. É importante, ao fim de uma diagramação, observar o uso correto de um e de outro.

Figura 3.16 – **Hífen (1), traço ene (2) e travessão eme (3)**

Um aviador chamado Saint Exupéry	O príncipe – que surgiu do nada – disse apressado	— Olá! — Bom dia!
1	2	3

3.2.11 Símbolos não alfabéticos e ornamentos

Um texto pode ainda utilizar símbolos que não fazem parte do alfabeto latino, como o ponto médio – herança dos antigos romanos, que separavam palavras com esses·pequenos·sinais –, a arroba, o *ampersand* – conhecido como *e comercial* [&] –, as letras gregas, os símbolos matemáticos e o atualmente famoso sustenido – a # das redes sociais.

A diagramação de livros de ciências exatas costuma, nesse ponto, representar um desafio. São poucas as famílias tipográficas que têm uma boa variedade de sinais matemáticos, então pode ser que o designer tenha de considerar o uso de uma fonte específica para esses conteúdos em acréscimo à fonte regular utilizada no restante do texto – e aí surge o desafio extra: casar visualmente bem as duas famílias.

Há ainda uma série de ornamentos tipográficos que podem ser utilizados para destacar ou ligar informações. As manículas [☛ ☜], também chamadas de *punhos* ou *índices*, são tradicionalmente usadas para apontar algo desde os manuscritos medievais. É possível substituir a numeração das notas de rodapé por asteriscos e cruzes ou adagas, seguindo-se uma ordem específica (por exemplo, * ** *** ou † ‡), embora esta seja uma notação antiga. Há ainda o símbolo de parágrafo [§], muito presente em livros de direito; as setas, que podem ser úteis marcadores, e uma quantidade imensa de outros sinais gráficos.

PARA SABER MAIS

A tipografia é um território gigantesco e não é à toa que muitos profissionais dedicam a vida a ele. Aqui, refletimos sobre alguns detalhes que podem afetar a composição de um livro, mas vale a pena sempre aprender mais.

Além de designer de livros e tipógrafo, Robert Bringhurst (1946-) é ensaísta e poeta. Seu livro *Elementos do estilo tipográfico* é uma fonte preciosa – e de leitura muito agradável – para quem quer refletir com profundidade sobre o desenho de tipos e sua aplicação na composição tipográfica, desde os aspectos mais óbvios até os menores, e muitas vezes despercebidos, detalhes.

BRINGHURST, R. **Elementos do estilo tipográfico**. São Paulo: UBU, 2018.

3.3 Cor

Assim como a tipografia, a cor também comunica sensações e pode, com isso, reforçar a mensagem do texto. Portanto, o designer de livros não pode fazer escolhas ao acaso e desperdiçar esse recurso tão valioso,

Precisamos, todavia, destacar o fato de que nem sempre a escolha da cor num projeto editorial pode ser livre. Às vezes, ela acontece por imposição da editora, como no caso do padrão de uma coleção, ou por questões de custo de produção. Para ter um custo final competitivo, a maioria dos livros é impressa em apenas uma cor – na maioria, em preto. Já num projeto digital – com exceção dos *e-readers* – essa não é uma limitação, e podem ser adotadas quantas cores o designer julgar necessárias.

O contraste e a similaridade são fundamentos úteis nessa decisão. Escolher cores contrastantes ajuda a destacar certos elementos; da mesma forma, eles podem ser agrupados com a utilização de cores similares.

Vale considerar também o efeito psicológico – em especial no Ocidente, já que as culturas orientais têm outras interpretações – que cada cor propicia, conforme indica Heller (2012):

- **Azul** – tranquilo, confiável, harmonioso, apesar de frio e distante. Psicologicamente, pode ser o oposto do apaixonado vermelho. É, de acordo com Heller (2012), a cor predileta de 45% das pessoas.
- **Vermelho** – apaixonado, dinâmico, atraente, agressivo. É quente e próximo, a cor do sangue.

- **Amarelo** – jovial, divertido, inteligente, iluminado. Psicologicamente, é uma cor ambígua, pois também inspira inveja, ciúme e traição. Na China, foi, por séculos, a cor imperial.
- **Verde** – natural, fresco, saudável, a meio caminho entre o quente e o frio. É a cor da esperança e da fertilidade, porém alguns tons podem ser vistos como venenosos ou repulsivos. É a cor sagrada do Islã.
- **Preto** – elegante, misterioso, introvertido, poderoso. No Ocidente, é a cor do luto e, muitas vezes, tem sua utilização associada ao oposto do branco. Heller (2012) pontua que é a cor preferida de designers e jovens.
- **Branco** – limpo, inocente, leve, nobre, sobrenatural. Embora tenha sido associado ao bem e à perfeição no Ocidente, em contraste com cores fortes, pode representar passividade e fraqueza. É a cor por excelência do design minimalista.
- **Laranja** – sociável, brincalhão, exótico, saboroso, mas às vezes não convencional e até intrusivo. É a cor dos alertas e do outono. Está muito presente no budismo e na cultura indiana.
- **Violeta** – singular, vaidoso, belo, extravagante. É a cor do feminismo e dos artistas e, ao mesmo tempo, no cristianismo, da penitência e da sobriedade. É a cor mais rara, em estado puro, na natureza.
- **Rosa** – doce, delicado, charmoso, gentil, pequeno. Pode variar do elegante ao cafona, passando pelo chocante.
- **Marrom** – aconchegante, natural, humilde, mas, eventualmente, visto como antiquado e sem refinamento. É a cor, segundo Heller (2012), menos apontada como favorita pelas pessoas, mas a mais presente na natureza.

Algo óbvio, mas que pode passar despercebido é que, num projeto impresso somente em tinta preta, o branco do papel também é uma cor a ser explorada. O uso inteligente de espaços negativos é algo que cria possibilidades e pode trazer efeitos interessantes para o projeto, conforme podemos observar na Figura 3.17.

Figura 3.17 – **Uso do branco com espaços negativos**

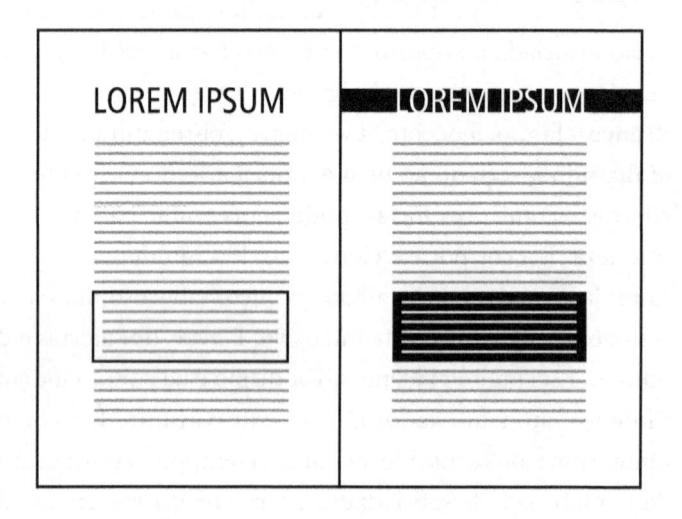

PARA SABER MAIS

O alemão Johann Wolfgang von Goethe (1749-1832), autor do clássico *Os sofrimentos do jovem Werther*, dedicou-se a escrever, além de ficção e poesia, ensaios sobre as artes e as ciências naturais. Seu estudo sobre as cores, publicado em 1810, é considerado um dos mais importantes trabalhos na área.

GOETHE, J. W. **Doutrina das cores**. São Paulo: Nova Alexandria, 2013.

3.4 Imagem

Muitos livros são compostos de texto e imagem. Os copistas da Idade Média dominavam a arte de criar figuras para reforçar ou complementar as informações escritas, além de embelezar os manuscritos.

Tendo em vista a máxima de que o original do autor é que define os caminhos a seguir, o papel das imagens num projeto gráfico vai depender da relação delas com o conteúdo. Na avaliação a ser feita, é possível considerar uma gradação, numa escala de importância:

- Se as imagens são simplesmente decorativas, criadas para algum efeito visual, o designer precisa tomar cuidado para que elas permaneçam discretas, sem roubar o protagonismo do texto. É o caso de ornamentos e grafismos muito presentes especialmente nas margens das páginas de livros infantis ou didáticos, entre outras possibilidades.
- Se ganham um pouco mais de sentido, as imagens podem se tornar ilustrativas e criar uma ambientação que complemente o texto. Por exemplo, num romance histórico, imagens de

paisagens, trajes e objetos de época ajudam o leitor a sentir a atmosfera em que vivem os personagens.
- Num grau acima, há imagens que são parte do conteúdo; nesse caso, são pensadas pelos autores[2] ou pelo editor. Imagens assim devem ser tratadas com mais rigor, e os designers devem fazer interferências somente para que elas se encaixem no projeto gráfico – aplicando a fonte padrão nos textos de esquemas, por exemplo.
- Por último, há imagens que são o conteúdo principal, como em livros infantis – especialmente aqueles para crianças ainda não alfabetizadas – ou em catálogos de exposição. Quando isso acontece, todos os esforços devem ser no sentido de valorizar e preservar a configuração das imagens, e o *layout* deve contemplar a adaptação dos outros elementos a elas.

No geral, imagens mais realistas tendem a passar mensagens com mais objetividade, enquanto as mais abstratas deixam mais espaço para a interpretação. Portanto, nos primeiros casos citados – imagens decorativas ou ilustrativas – existe mais liberdade tanto para o ilustrador ou fotógrafo, na criação das imagens, quanto para o designer, na aplicação delas no projeto gráfico. Podem ser aplicados efeitos e estilos de acordo com a linha visual seguida. Livros de poesia admitem imagens mais subjetivas – e se beneficiam muito com isso –, enquanto textos técnicos exigem representações bastante exatas. Já os materiais didáticos podem conter imagens dos dois tipos, tanto para apresentar o conteúdo

---

[2] Existe uma diferenciação prática entre livros ilustrados e livros com ilustração. Nos primeiros, o ilustrador é considerado coautor da obra; nos segundos, não.

quanto para ilustrar as páginas e quebrar grandes "paredões" de texto, cansativos para os estudantes.

Quando o designer insere texto sobre imagem (Figura 3.18) – uma decisão que deve ser ponderada, pois não é aplicável em alguns casos –, a opção tem de ser pela legibilidade do texto. É possível, para isso, lançar mão de recursos como a escolha de pesos e tamanhos suficientes para que as palavras se destaquem ou até a utilização de contornos ou sombras. Considerando-se o mesmo princípio, as cores devem ser pensadas de modo que o contraste seja garantido.

Figura 3.18 – **Texto sobre imagem**

pensaniifoto/Shutterstock

No dia a dia das editoras, assim como nos escritórios da Idade Média, comumente são profissionais diferentes, designer e ilustrador, que criam o projeto gráfico e as imagens, por isso é preciso saber coordenar os trabalhos e, sempre que possível, alinhar as intenções de todos. Editoras grandes – e especialmente as de materiais didáticos – contam também com um iconógrafo, profissional especializado, entre outras funções, em pesquisar e licenciar imagens.

As considerações que fizemos sobre as imagens também valem para os mapas. Alguns são mais generalistas e permitem intervenções gráficas, simplificações e esquematizações. Outros requerem muita precisão e, nesse caso, são elaborados por cartógrafos.

3.5 Hierarquia

Outro elemento que deve ser previsto no *layout* de livros é a hierarquia. Nem sempre, numa página, todas as informações terão o mesmo peso, e algumas devem estar, em escala de importância, acima ou abaixo de outras. Mais uma vez, é o texto original que define isso, e o design é uma ferramenta para ajudar na transmissão clara da mensagem.

Graficamente, o designer pode escolher entre várias estratégias, como:

- **peso** – utilizando, por exemplo, negrito para os títulos e peso regular para o texto corrente;
- **tamanho** – compondo os títulos maiores do que os subtítulos e maiores do que o texto e as fotos principais maiores do que as secundárias;

- **posição** – dispondo as informações mais importantes nos lugares de mais destaque na página (o topo ou o centro ótico) e jogando as demais para áreas que recebem menos atenção;
- **cor ou contraste** – adotando cores ou tons diferentes para distinguir diferentes informações;
- **ornamentos** – inserindo algum elemento gráfico junto às informações primordiais, como linhas, setas, símbolos tipográficos ou pequenas ilustrações, e deixando as informações secundárias sem ornamentação.

Algumas dessas estratégias estão ilustradas na Figura 3.19, a seguir.

Figura 3.19 – **Hierarquia por peso (1), tamanho (2), posição (3) e ornamentação (4)**

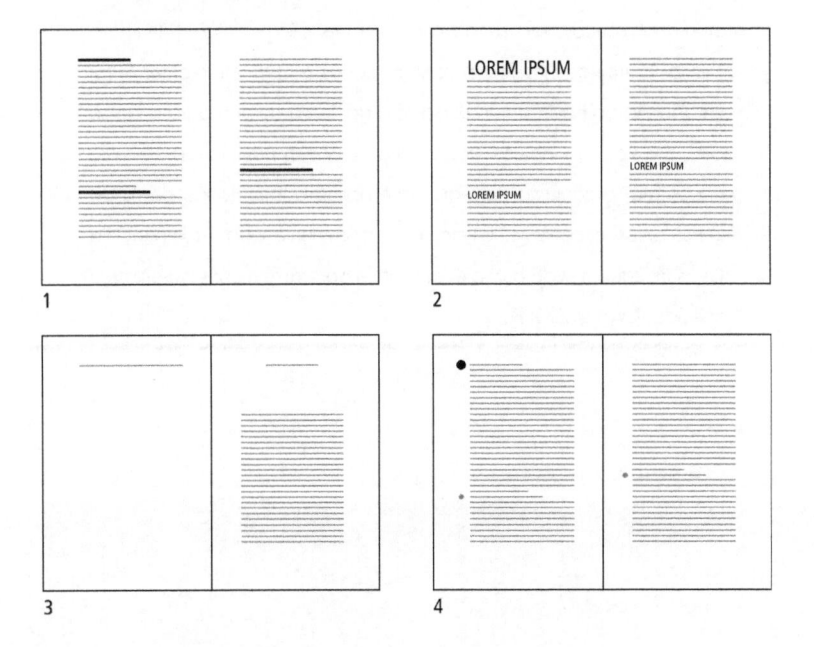

A numeração é um recurso eficaz para marcar a hierarquia entre os títulos e, como não dá margem para erros de interpretação, é muito utilizada em textos didáticos, técnicos ou acadêmicos. Novamente, é o texto original que define o design, porém o estilo dos algarismos pode ser pensado pelo designer e incorporado ao projeto gráfico. Pode-se, por exemplo, adotar uma fonte diferente para os algarismos, utilizar outra cor ou outro tom ou, ainda, deixá-los maiores ou menores.

Aqui, é importante considerar o princípio da repetição: para que o leitor não se confunda, é preciso que os critérios estabelecidos pelo designer sejam os mesmos ao longo de todo o texto.

PRESTE ATENÇÃO!

Em projetos digitais, a hierarquia é definida também pelo código de programação. De forma muito resumida, podemos afirmar que, como boa prática, deve ser adotada a nomeação padrão – [H1] para os títulos primários, [H2] para os secundários e assim em diante. A correta adoção do padrão não somente organiza a página para a leitura do CSS – sigla do inglês *Cascading Style Sheets* para folhas de estilo em cascata, o conjunto de regras que aplica a formatação desejada (cores, fontes, espaçamentos etc.) a um documento *web* – como facilita que os mecanismos de busca encontrem e apresentem corretamente seu conteúdo (W3C, 2021).

3.6 **Espaços em branco e simplicidade**

Quando falamos na forma dos livros, pensar os espaços em branco é uma tarefa tão importante quanto trabalhar com as áreas que serão preenchidas. Esses espaços que separam – ou agrupam – um elemento e outro, que ficam entre as linhas do texto e nas margens da página têm a função de oferecer espaço ao conteúdo para que ele seja mais bem entendido pelo leitor.

A falta de espaços em branco acaba criando um *layout* excessivamente carregado, poluído, o que causa confusão e cansaço na leitura. Por outro lado, muitos espaços vazios podem dar a sensação de um conteúdo esgarçado. Como em tudo o mais, não há uma regra absoluta, sendo primordiais, assim, o bom senso e a coerência à linha visual que o designer de livros definiu para o projeto. Dominar o conceito de equilíbrio, um dos fundamentos do design, é crucial e não se pode deixar, é claro, de atentar para aquilo que o texto original exige.

No *layout* de uma página, é interessante que o designer pense em termos de espaços positivos e negativos. As imagens, os textos e os demais elementos são os positivos, informações que adicionam tons e cores, enquanto os espaços em branco, não preenchidos, são os negativos, que têm como função trazer respiro. O designer pode, então, até adotar um critério para um determinado projeto – por exemplo, um terço de negativos e dois de positivos – e, com isso, guiar com consistência a diagramação de todas as páginas. A manipulação desses espaços pode produzir efeitos interessantes, como no caso de se carregar uma página de positivos num episódio tenso da história, para depois compor uma outra cheia de negativos na situação em que o personagem escapa aliviado.

Figura 3.20 – **Esquemas de páginas com um terço e dois terços de positivos**

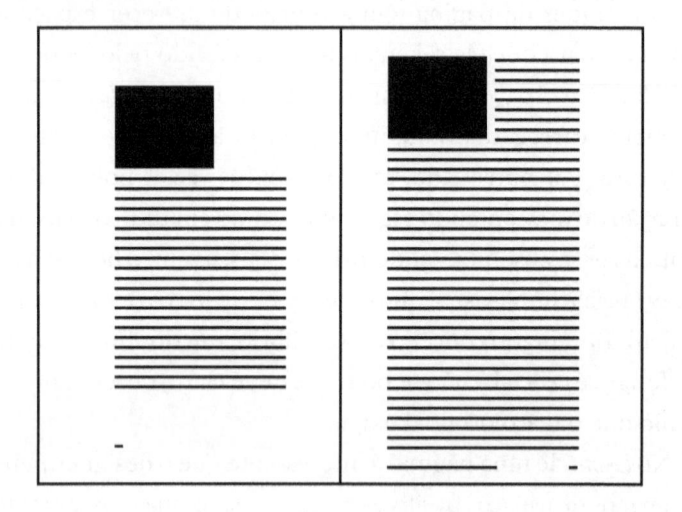

As margens são talvez os espaços em branco mais importantes e devem ser, por isso, muito bem planejadas. Elas têm, além da função visual, uma finalidade prática, que é a de proteger o conteúdo do corte do papel – deixar informações importantes muito próximas da margem oferece o risco de que elas sejam cortadas fora. Ademais, a presença das margens possibilita que o leitor tenha um espaço para segurar o livro – ou o *smartphone*, o *tablet* ou o *e-reader*.

A **simplicidade** está muito relacionada aos espaços em branco – obviamente, quanto mais espaços em branco houver, mais simples será o *layout* – e se constitui em outro conceito que não pode ser subestimado. Ela confere qualidades bastante apreciadas no design de livros, como ordem, clareza e uniformidade. A **complexidade**, seu oposto, resulta em excesso de informações visuais, atrapalha e confunde a leitura.

Figura 3.21 – **Simplicidade e complexidade**

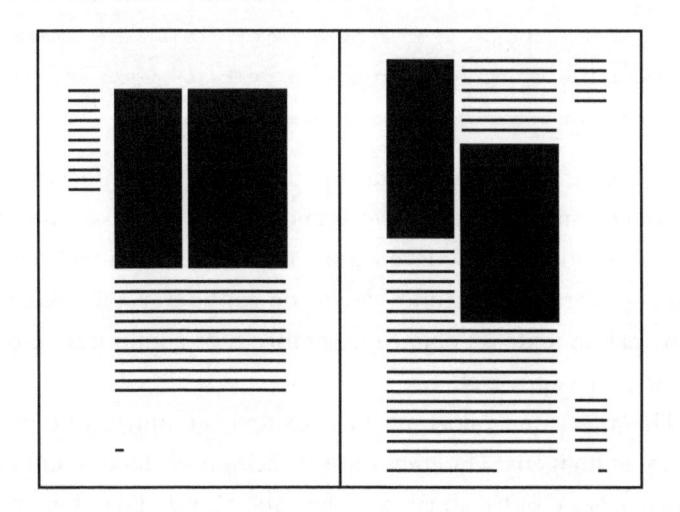

3.7 Layout

Os conceitos de composição e *layout* são frequentemente abordados juntos – este capítulo, inclusive, tem os dois termos no título – e, de fato, são conhecimentos muito próximos. A diferença entre eles é sutil, mas, para simplificar, podemos dizer que o *layout* refere-se basicamente ao posicionamento, ao passo que a composição diz respeito à escolha de cores, pesos, fontes etc.

O trabalho dos designers de livros é, basicamente, decidir. Bringhurst (2005, p. 28) resume muito bem os dilemas com que o profissional se depara ao criar um *layout*:

> Se o texto está atado a outros elementos, onde estes devem ficar? Se forem notas, devem ficar ao lado da página, no pé, ao final do capítulo ou do livro? Se forem fotografias ou ilustrações, devem ser inseridas no corpo do texto ou em uma seção própria? E se as fotografias tiverem remissões, créditos ou legendas, estas devem ficar próximas ou acomodadas separadamente daquelas?

Como temos enfatizado até aqui, o arranjo das informações no *layout* – não estranhe se você encontrar a expressão *leiaute*, assim, aportuguesada – deve seguir critérios de organização, harmonia e hierarquia e nunca deixar de considerar a mensagem principal do texto. O objetivo é sempre o de comunicar com a maior clareza possível.

Há *layouts* que valorizam mais os textos e outros que priorizam as imagens. Há *layouts* que precisam acomodar muitas informações e outros, mais simples, que têm de lidar somente com um bloco simples de texto.

No objetivo, o *layout* digital não é diferente do *layout* impresso. Basta fazer as devidas adaptações, considerando-se, por exemplo, que, no lugar de uma dupla de páginas, existe uma tela ou que a distância em relação a um monitor é diferente daquela que se observa em relação a um livro ou a um *smartphone*. De todo modo, a missão permanece a mesma: comunicar a mensagem dos autores.

Ao planejar um *layout*, impresso ou digital, o designer deve aplicar todos os fundamentos de que tratamos até até este ponto: os elementos visuais básicos – em especial direções, escala e movimento –, os princípios do design – proximidade, alinhamento, equilíbrio, repetição –, os centros óticos e geométricos, os espaços em branco, a simplicidade, tudo deve ser levado em conta. O *layout* também se vale de uma ferramenta importante: o *grid*, da qual trataremos no próximo capítulo.

Por fim, é fundamental ter em mente que mesmo os menores elementos podem ser utilizados em favor de uma composição agradável e um *layout* eficiente. Todos os detalhes devem ser pensados. Se o designer não decidir, algo decidirá por ele: seja o *software*, que tenderá a aplicar suas configurações-padrão, seja o leitor, que poderá criar uma interpretação da obra que não é a que o designer esperava.

SÍNTESE

Composição e *layout* são dois conhecimentos complementares primordiais na harmonização e organização dos elementos na página. A composição refere-se à combinação, enquanto o *layout* diz respeito ao posicionamento.

Existem alguns fundamentos do design que podem guiar as decisões sobre os recursos a serem selecionados e a forma de utilizá-los no projeto gráfico. A proximidade é útil no agrupamento e na categorização das informações, ao passo que o alinhamento auxilia na organização visual. O equilíbrio é o responsável pela distribuição harmoniosa, e o contraste causa quebras que destacam as informações mais importantes. Já a repetição cria padrões e auxilia no fluxo da leitura.

Para além do desenho das letras em si, a tipografia é composta de detalhes que se sofisticaram ao longo do tempo. Alguns são escolhas determinadas mais pela estética, porém outros, que se tornaram convenções ao longo dos séculos, são indispensáveis para grafar e ler corretamente os textos.

A cor, combinada com outros elementos de composição, transmite significados profundos que podem impressionar os leitores. Infelizmente, por questões de custo ou tecnologia, nem sempre pode estar presente em livros e *e-books*.

As imagens, quando não somente decorativas, transmitem conteúdo – qualidade explorada desde os manuscritos da Idade Média – e devem ser tratadas com a devida importância, dispostas no *layout* de modo a cooperar com o discurso escrito.

A hierarquia, sempre presente nas ideias contidas no texto, pode ser graficamente representada por várias estratégias, como peso, tamanho, posição ou o uso de ornamentos e cores. Além das áreas preenchidas, também devem receber a atenção do designer os espaços em branco.

A composição e o *layout* são definidos por detalhes que, somados, contribuem para a qualidade visual, tornam mais agradável a experiência de leitura e reforçam a mensagem transmitida pelo autor no texto.

QUESTÕES PARA REVISÃO

1. Sobre a composição e o *layout* de livros e *e-books*, assinale a alternativa correta:

   a. A hierarquia dos títulos deve ser sempre definida pela numeração, pois os recursos visuais não são suficientes para marcá-la.
   b. Proximidade, alinhamento, equilíbrio, hierarquia e repetição são alguns dos fundamentos de *design* que atuam na organização do conteúdo.
   c. *E-books*, por serem digitais, não se beneficiam dos mesmos princípios de *layout* e composição que os materiais impressos.
   d. Ornamentos poluem a página e não contribuem para a transmissão de mensagens visuais.
   e. Os inícios de parágrafos podem ser observados somente pela leitura do texto em si, portanto não é preciso nenhum tipo de estratégia visual para defini-los.

2. A tipografia é uma matéria-prima essencial na criação do design de livros. Para potencializar os efeitos que ela propicia, o designer pode:

   a. criar marcações de início de parágrafo com recuos, espaços verticais, capitulares e outros recursos.
   b. aplicar hífenes, traços ene e travessões eme conforme a necessidade textual de marcações diferentes.

c. utilizar versaletes em vez de versais para grafar palavras em caixa-alta.

d. aplicar negritos e itálicos quando entender que esses destaques se apresentam visualmente agradáveis, sem um padrão estabelecido.

e. optar por criar listas com marcadores em formato circular, quadrado, de seta, de manícula etc.

3. A cor desempenha um papel importantíssimo na transmissão de mensagens não verbais, sendo assunto de muitos estudos. Considere as afirmativas a seguir e, depois, assinale a alternativa correta.

I. O uso de cores pode ajudar a reforçar ou diminuir elementos do livro, contribuindo, assim, com a hierarquia visual.

II. O designer tem sempre plena liberdade para escolher e utilizar as cores que desejar no projeto visual.

III. A cor preferida da maioria das pessoas é o azul, considerado tranquilo e harmonioso. A menos querida é o marrom, embora seja a cor mais presente na natureza.

a. Somente a afirmativa I está correta.
b. Somente a afirmativa II está correta.
c. As afirmativas I e II estão corretas.
d. As afirmativas I e III estão corretas.
e. Todas as afirmativas estão corretas.

4. Qual é a diferença entre algarismos versais e de texto?

5. Num livro, há informações de diversos graus de importância – títulos primários e secundários, textos, notas etc. Cite algumas estratégias visuais para marcar essa hierarquia.

QUESTÃO PARA REFLEXÃO

1. O mercado de livros brasileiro organiza-se em quatro grandes categorias: 1) didáticos; 2) obras gerais (ficção e não ficção); 3) religiosos; e 4) CTP (científicos, técnicos e profissionais). Cada uma é, como se pode concluir, especializada num tipo de publicação, assim como tem públicos diferentes – embora um mesmo leitor possa, obviamente, consumir publicações de mais de uma categoria ou até de todas elas – e, consequentemente expectativas diferentes quanto ao design. Reflita sobre as quatro categorias e tente traçar, em linhas gerais, o perfil de design de cada uma. Quem são os públicos? Quais podem ser as preferências quanto a estilo, composição e *layout*? Que tipografia é mais adequada às suas publicações? Quais serão as preferências quanto a cores, imagens e ilustrações?

Billion Ph/Shutterstock

CAPÍTULO 4

GRID

CONTEÚDOS DO CAPÍTULO:
- Conceito de *grid*.
- Anatomia do *grid*.
- Tipos de *grid*.
- Construção e aplicação de *grids*.
- Desenvolvimento de *grids* para projetos digitais.

APÓS O ESTUDO DESTE CAPÍTULO, VOCÊ SERÁ CAPAZ DE:
1. identificar e utilizar os diferentes tipos de *grid*;
2. construir os próprios *grids*.

4.1 **O que é *grid*?**

Nosso olhar busca, o tempo todo, formas de organizar as informações disponíveis no ambiente. Por mais simples que pareça, um livro exige o acionamento de vários sistemas para ser decifrado, e a maneira como as informações são dispostas nele pode melhorar ou arruinar a compreensão de uma mensagem. O *grid* serve, então, como uma espécie de estrutura que ajuda na construção de uma página – ou tela de dispositivo – capaz de comunicar com clareza: é um elemento organizador do design.

Embora na Idade Média e na Idade Moderna já houvesse regras que guiassem a composição dos livros – copistas ou tipógrafos produziram, afinal, *layouts* meticulosos –, foi somente a partir das vanguardas do século XX que o *grid*, como sistema de organização racional do conteúdo, foi mais bem aplicado.

Josef Müller-Brockmann (1914-1996), grande mestre suíço do estilo tipográfico internacional e talvez a maior referência da teoria do *grid*, ensina que, para além de questões unicamente visuais, os *grids* passaram a ser valorizados também como método de otimizar os recursos escassos na época do pós-guerra (Müller-Brockman, 2012). A intenção, no *design*, na arquitetura e em outras artes aplicadas – pois o *grid* não é exclusividade da área de atuação dos designers gráficos –, é que todos os espaços sejam funcionais e bem aproveitados, e não desperdiçados por pura estética.

Mas voltemos à pergunta: O que é, na prática, um *grid*? Imagine uma grade, com traves verticais e horizontais, aplicada sobre uma superfície. A superfície termina atravessada por linhas que, ao se cruzarem, delimitam espaços.

Não há um número certo de divisões num *grid*; a página pode ser dividida numa só grande área ou em dezenas de áreas pequenas. Essas divisões tampouco precisam ser todas iguais; o projetista pode decidir por indicar algumas maiores e outras menores. Tudo o que for inserido nessa página – textos, imagens, tabelas – deve ocupar o espaço de uma, duas ou mais áreas (Müller-Brockmann, 2012). Assim, ao final da diagramação, por mais que o conteúdo das páginas seja diferente, o resultado apresentará certa uniformidade.

O importante é ter em mente, desde o início, que no *design* editorial o conteúdo é que determina o *grid*, e nunca – recomenda-se – o contrário. Ou seja, ao trabalhar num livro, o designer deve primeiro analisar as características do texto original para então construir o *grid* que melhor sirva para comunicar a mensagem do autor.

A seguir, observe, na Figura 4.1, como há uma estrutura facilmente reconhecível e bastante organizada na disposição de vários elementos – títulos, textos (em uma ou duas colunas), espaços para imagens e legendas etc. – de uma dupla de páginas.

Figura 4.1 – **Modelo de páginas organizadas por *grid***

CURIOSIDADE

Embora a palavra mais comumente utilizada seja *grid*, a forma original em língua inglesa, você encontrará também a tradução literal "grade" ou, ainda, "malha". No português de Portugal, traduz-se como "grelha" e, no espanhol, como "retícula".

Uma pergunta honesta é: Por que utilizar um *grid*? Por que não dispor os elementos conforme vão sendo inseridos, analisando-se página a página?

O primeiro – e talvez mais importante – motivo é: os *grids* favorecem a leitura. Como mencionamos anteriormente, nossos olhos buscam o tempo todo organizar as mensagens do ambiente, e um *grid* definido oferece a organização necessária para se captar um discurso visual rapidamente.

Outro motivo é a padronização do trabalho. No dia a dia das editoras, muitas vezes, o projeto e a diagramação são executados por profissionais diferentes e, em materiais extensos, como coleções de livros didáticos, a diagramação é feita por várias pessoas. Assim, é preciso que o projeto seja suficientemente estruturado para que todos consigam chegar a um resultado uniforme.

Além das questões práticas envolvidas, a aplicação do *grid* – não só no *design* editorial, mas em projetos de identidade visual, sinalização e tudo mais – traz organização, harmonia e refinamento. É algo que confere um diferencial de qualidade aos diversos projetos.

4.2 Anatomia do *grid*

Retomando os elementos básicos da comunicação visual, destacamos que o *grid* é composto basicamente de duas delas: linhas que se cruzam e delimitam formas, normalmente quadriláteros, na página. No entanto, essas linhas e formas recebem nomes especiais (conforme a Figura 4.2) e têm funções distintas:

- **Colunas** – São as linhas verticais, que correm a página (ou a tela) de cima a baixo.
- **Guias horizontais** – São as linhas que cruzam a página de um lado a outro, horizontalmente.
- **Varal** – É a guia horizontal do topo, em que se "penduram" os conteúdos da página.
- **Módulos (ou retículas)** – São as áreas delimitadas pelos cruzamentos das colunas e das guias horizontais.
- **Medianizes** – São os espaços negativos (vazios) entre duas colunas de texto[1].
- **Margens** – São os espaços negativos entre as bordas do livro (ou da tela) e o(s) módulo(s) preenchido(s) de conteúdo (existem as margens superior, inferior, externa e interna).
- **Marcadores** – São os elementos secundários, como números de página – chamados tradicionalmente de *fólios* –, título do livro ou capítulo e nome de autores, que ficam normalmente de fora do *grid* principal, mas nem por isso precisam de menos planejamento; quando inseridos na parte superior da página, são denominados *cabeços* ou *cabeçalhos* e, quando na inferior, *rodapés*.

---

1 Alguns autores adotam o termo para denominar a margem interna do livro. Neste nosso estudo, ficaremos com a definição de medianiz como o espaço negativo entre as colunas, já que ela se tornou a padrão nos *softwares* de diagramação.

Figura 4.2 – **Elementos do grid**

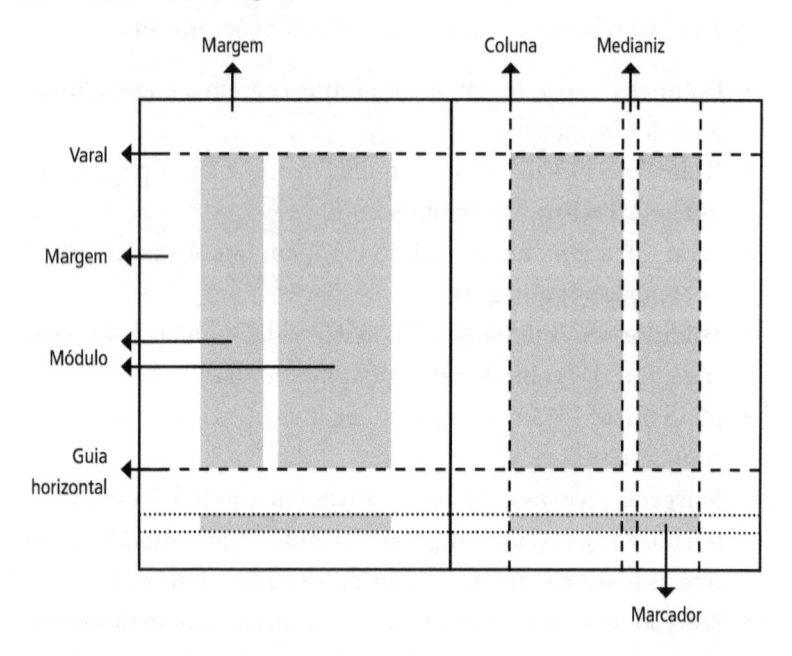

Labels: Margem, Coluna, Medianiz, Varal, Margem, Módulo, Guia horizontal, Marcador

Como afirmamos anteriormente, é importante notar que não são somente as áreas de conteúdo – os módulos e os marcadores – que são importantes; o *grid* também define áreas vazias – as medianizes e as margens – que devem ser levadas em conta na parte da composição do livro como um todo. As páginas (e os leitores) precisam de espaços em branco para respirar.

Assim como observamos em relação aos recursos vistos anteriormente, não existe um *grid* ideal, pois o desenho da malha dependerá sempre de muitas variáveis – desde as exigências do texto original até as limitações de orçamento. O bom *grid* é o que resolve, naquela situação, aquele problema. A solução também deve ser flexível até certo ponto, para que consiga adequar-se a todas as situações que a diagramação enfrentará sem precisar de muitos ajustes durante o curso. Materiais didáticos, nesse quesito, costumam ser uma tarefa desafiadora, porque contêm uma variedade grande de informações.

4.3 Tipos de *grid*

Quanto à anatomia dos *grids*, podemos classificá-los em alguns tipos principais, de acordo com o número e a forma dos módulos que eles contêm. Cada um desses tipos de malha tem características, vantagens e desvantagens diferentes a serem consideradas, como veremos nos tópicos a seguir.

4.3.1 *Grid* de coluna de texto única

Com relação às formas, o primeiro e mais básico tipo de *grid* é o retangular ou de coluna de texto única. Imagine uma página cortada por duas guias horizontais e duas colunas verticais: elas delimitarão uma única área retangular ou quadrada. Boa parte dos livros – especialmente os de literatura, que são formados por um bloco de texto contínuo – não precisa de mais que um *grid* como este.

Repare, na Figura 4.3, que, como há somente um módulo, não existem posições de mais ou menos destaque para as informações: todo o conteúdo fica dentro da mesma estrutura. O designer deve determinar as marcações, então, com o uso de outros elementos, como corpo maior ou menor de fonte, peso, cor ou espaçamento.

A maior limitação desse tipo de *grid* é exatamente esta: livros que tenham uma variedade grande de informações – textos, legendas, imagens, notas – podem acabar "truncados". O *grid* de coluna única também não é muito recomendável para livros de grandes dimensões, visto que vai resultar em colunas muito largas de texto – estima-se, empiricamente, que o ideal gire em torno de dez palavras por linha (Müller-Brockmann, 2012). Cabe observar, por último, que ele oferece também poucas possibilidades de trabalho com imagens.

Figura 4.3 – **Grid retangular**

4.3.2 *Grid* de múltiplas colunas de texto

Adicionando-se mais linhas verticais, obtêm-se mais colunas de texto – no número que o designer desejar ou a página permitir – e um *grid* com mais possibilidades: o de múltiplas colunas (representado na Figura 4.4).

Por quebrar o texto em linhas mais curtas, esse *grid* é, em livros de dimensões maiores, mais cômodo para a leitura. Por outro lado, não é recomendável para livros pequenos, pois resulta em colunas muito estreitas, que causam cansaço ao leitor (Müller-Brockmann, 2012). Esse é o caso dos dicionários ou das bíblias, quase sempre diagramados em duas colunas.

As colunas de texto não precisam necessariamente ter a mesma largura. Caso o designer opte por fazê-las diferentes, pode adotar, por exemplo, uma proporção em que uma coluna tenha uma largura x e outra tenha uma largura 2x. Esse é um recurso útil para fazer a diferenciação do conteúdo: o texto da coluna mais larga pode ser mais importante do que o da coluna mais estreita.

A aplicação de imagens nesse tipo de *grid* é mais flexível, pois elas não precisam obrigatoriamente ocupar uma única retícula. As figuras podem, de acordo com sua importância, ultrapassar as medianizes e ganhar a largura de duas ou mais colunas, o que ajuda na hierarquia visual (Tschichold, 2007).

Figura 4.4 – **Grid de múltiplas colunas**

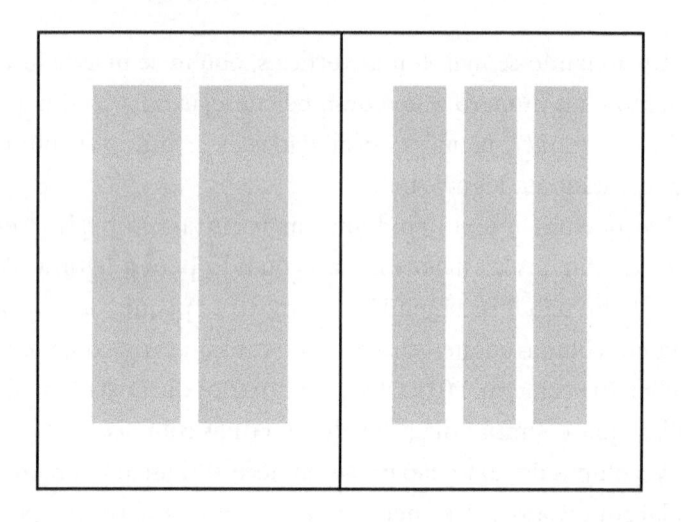

4.3.3 **Grid modular**

No *grid* modular, o designer vai um passo além e adiciona, além de várias colunas, múltiplas guias horizontais. Com isso, as colunas são divididas na altura em vários módulos retangulares.

Esse tipo de *grid* abre muitos caminhos a mais e possibilita trabalhar com conteúdos mais complexos e variados. Caso seja necessário inserir imagens, elas poderão ser pequenas – se ocuparem apenas um módulo –, médias ou grandes – se ocuparem, por exemplo, quadro módulos.

O texto pode se beneficiar também dessa flexibilidade, contornando as imagens e criando disposições dinâmicas. Textos mais importantes podem ultrapassar as medianizes e ocupar dois módulos de largura, enquanto legendas ficam restritas a somente um.

Observe, por exemplo, um livro de curso de idiomas e repare que existem muitos e diferentes tipos de informações, como textos, boxes, fotos pequenas e grandes, ilustrações, exercícios. Nesse caso, é preciso um *grid* que acomode tudo isso, como os exemplos esquematizados na Figura 4.5.

Figura 4.5 – **Grid modular**

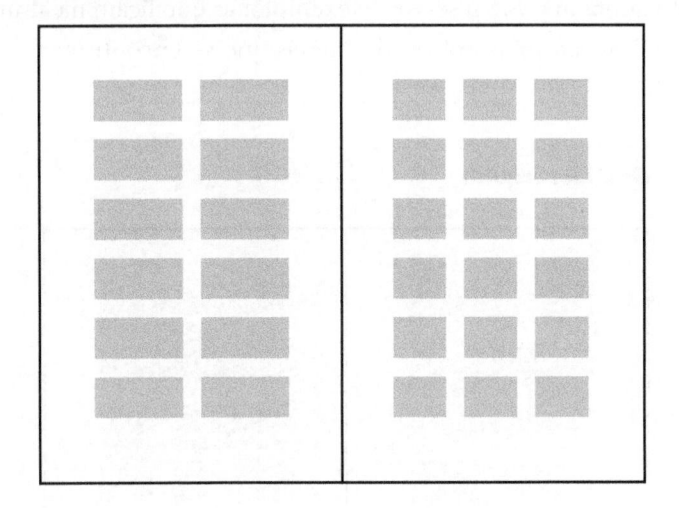

4.3.4 *Grid* hierárquico

Avançando em nossa escala de complexidade, chegamos ao último nível, que é o *grid* hierárquico. Além de comportar múltiplas linhas horizontais e verticais, ele contempla também um certo juízo de valor, definindo uma hierarquia para as áreas (Müller-Brockmann, 2012). Para atingir essa intenção, os módulos do *grid* hierárquico não são regulares, como podemos observar na Figura 4.6.

Um bom exemplo são os portais de internet, em que as notícias são inseridas em um ou outro espaço de acordo com sua importância. Nos jornais, aliás, um anúncio de topo de página é mais caro que outro, das mesmas dimensões, perto do rodapé. Além das superfícies bidimensionais, as prateleiras de supermercado também podem servir de exemplo: as que ficam na altura dos olhos são mais nobres do que as que se encontram perto do chão.

Figura 4.6 – **Grid hierárquico**

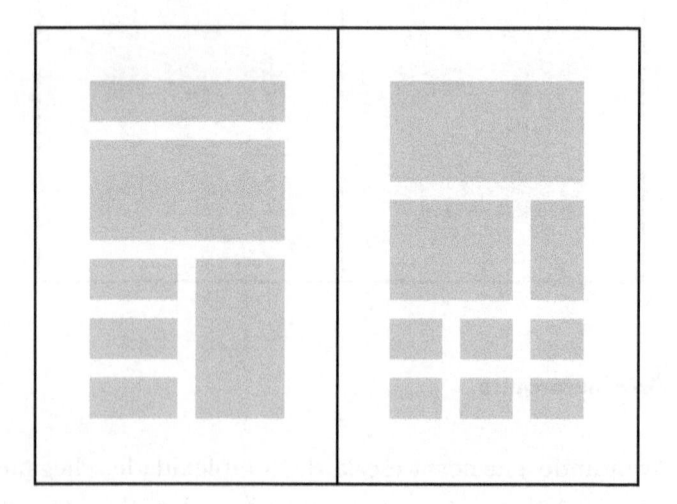

4.3.5 **Grid diagonal**

Os quatro *grids* anteriores são formados por guias exclusivamente horizontais e verticais. Mas é possível, dependendo do efeito desejado, inclinar as guias para desenhar um *grid* diagonal.

Esta é uma possibilidade menos utilizada no *layout* de livros, pois, além de distorcer o sentido padronizado da leitura, é difícil encaixar textos em módulos assim. Porém, é uma opção a ser considerada caso o designer queira uma página dinâmica e fora do convencional.

Pode-se criar *grids* diagonais com diversos ângulos – o mais comum é 45° –, mas é recomendável não misturar muitos por página, para não confundir ainda mais o leitor.

Figura 4.7 – **Grid diagonal**

4.3.6 *Grid* livre

É possível identificar um último tipo que é, por assim dizer, um não *grid*: o *layout* intuitivo. É preciso, no entanto, ter cuidado tanto na decisão de não utilizar nenhum *grid* quanto na execução.

Quando, diante de um projeto único e desafiador, as regras não apontam nenhuma solução, quebrar as regras pode ser uma opção a ser considerada. Isso pode ser observado em casos especiais, como livros de poesia concreta. Livros infantis também, muitas vezes, não seguem nenhum *grid*, uma vez que a palavra escrita deve ocupar de forma criativa – e, às vezes, discreta e secundária – os espaços deixados pela ilustração.

Em um projeto sem *grid* (Figura 4.8), é necessário aplicar os princípios do design – proximidade, alinhamento, equilíbrio, repetição – como estratégias inteligentes para que o leitor, habituado a certas convenções, consiga, sem problemas, navegar pelas informações da página.

Figura 4.8 – **_Grid_ livre**

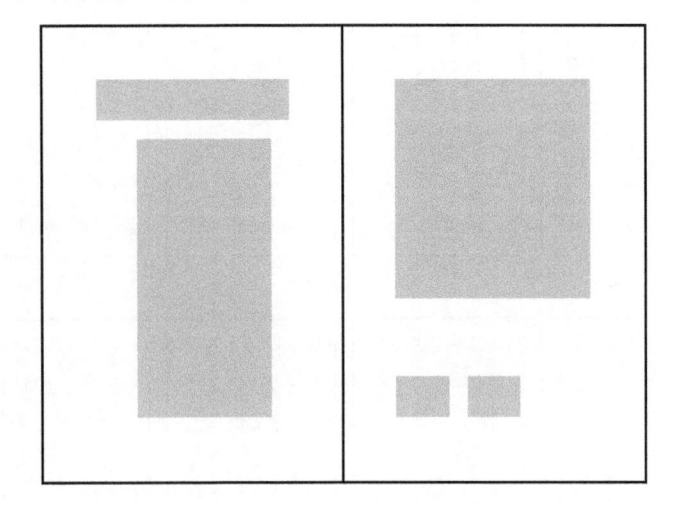

Por fim, vale a pena observar alguns modelos de *grids* de duas, três e quatro colunas fornecidos por Müller-Brockmann (2012). Note que, na vasta teoria apresentada por ele, é possível pensar não somente em colunas completas, mas no uso de meias-colunas, marcadas com linhas pontilhadas na Figura 4.9, a seguir.

Figura 4.9 – **Exemplos de *grids***

Fonte: Müller-Brockmann, 2012, p. 51-56.

4.4 Construindo *grids*

Decidido o tipo de *grid* a ser utilizado, como traçar as colunas e guias que o definirão? Como escolher a largura das colunas, a distância até as margens e o número de módulos? É preciso ter em mente, antes de tudo, que o *grid* para um projeto só pode ser confirmado a partir do momento em que o designer conhece bem o conteúdo do texto original. Na sequência, apresentamos algumas perguntas que podem guiar nesse processo.

- Quais são as dimensões da página?

Obviamente, o designer só poderá determinar as medidas do *grid* depois de saber o formato em que o livro será impresso – no caso de projetos digitais, contam as dimensões da tela. O formato também é importante para escolher o tipo de *grid*: páginas grandes permitem *grids* mais complexos, enquanto as menores comportam menos módulos.

- Quem é o público?

Não se pode nunca perder de vista as pessoas que consumirão o conteúdo. Na maior parte dos projetos, isso influenciará mais na composição – tipografia, cores etc. – do que no *grid*, mas pode haver casos especiais, como leitores muito novos, ainda em idade de formação, que podem se confundir com *grids* muito complexos.

- Qual deve ser o corpo da fonte utilizado no texto?

Fontes grandes não se dão bem com colunas muito estreitas, pois, no fim, as linhas comportarão poucas palavras, e isso forçará o leitor a mudar de linha constantemente e tornará a leitura pouco produtiva. Da mesma forma, fontes pequenas em colunas muito largas resultam num excesso de palavras por linha, o que também pode ser cansativo aos olhos. Estudiosos recomendam algo perto de 65 caracteres por linha (Müller-Brockmann, 2012).

- Há vários tipos de informação, como textos, subtextos, imagens, mapas e ilustrações?

Como comentamos, cada tipo de *grid* permite um número de possibilidades para dispor os elementos. É preciso dispor de módulos em quantidade suficiente para lidar com todas as características do original. No caso de muitas imagens, o designer pode cogitar a possibilidade de manter uma coluna – ou até uma página – somente para imagens e outra para textos (Tschichold, 2007). Um original em que predomine o texto – ou em que haja somente texto – implicará menos exigências quanto a isso.

- Qual é o objetivo das imagens? Elas são importantes no conteúdo ou somente decorativas?

De acordo com a natureza e a importância das imagens, elas necessitarão de mais ou menos destaque e, por consequência, ocuparão espaços maiores ou menores. Imagens meramente decorativas, como ornamentos nas margens, muitas vezes, nem são consideradas no *grid* e ocupam os espaços vazios.

- Quantas páginas tem o original (e quantas terá o livro diagramado)? O miolo será costurado ou colado?

Livros com muitas páginas curvam-se em um efeito chamado *calha* – em que uma pequena área na parte de dentro das páginas é inutilizada –, razão pela qual exigem margens internas mais generosas. O acabamento também influenciará: miolos costurados possibilitam uma abertura maior, enquanto volumes colados têm alguns milímetros internos que acabam inutilizados.

Note, ainda, que as páginas de um livro impresso nunca são visualizadas sozinhas, mas sempre em duplas. O designer pode, em relação a essa característica, optar por dois tipos de *grid*: o **simétrico**, em que as páginas são espelhadas, e o **assimétrico**, em que não há esse espelhamento das páginas pares e ímpares ou, até mesmo, elas têm diferentes *grids*.

Figura 4.10 – ***Grid* simétrico (1) e *grid* assimétrico (2)**

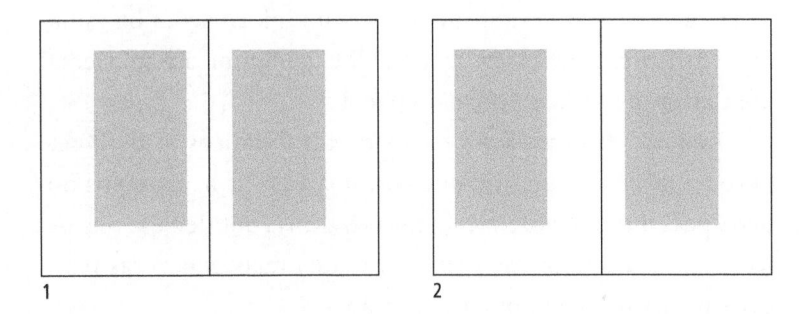

1

2

4.4.1 Mancha da página, margens e sangra

O nome que se dá à área principal da página, positiva, onde se concentra o conteúdo do livro e, portanto, a tinta da impressão, é *mancha de texto*. A mancha é emoldurada por áreas em branco, negativas: as margens.

Conforme comentamos anteriormente, a margem é importante tanto por aspectos técnicos quanto por motivos estéticos. Em termos técnicos, mesmo os métodos mais modernos de impressão não garantem que todas as folhas sejam impressas rigorosamente na mesma posição. É preciso, portanto, que o conteúdo do livro esteja a salvo, a uma distância mínima dos limites do papel, para não haver o risco de ser decepado no processo de refile, quando todas as páginas do livro, já unidas num só bloco, recebem um corte nas laterais que as deixa todas com rigorosamente as mesmas dimensões. Já a margem interna serve para preservar o conteúdo do efeito calha do livro (Figura 4.11).

Uma boa recomendação é manter ao menos 20 mm de margens internas, para evitar que se percam informações na calha. Quanto às margens externas, a medida de 5 mm já é suficiente para evitar a perda no corte do papel.

Uma dica: em projetos de materiais didáticos, o designer deve lembrar que o estudante costuma utilizar as margens do livro para fazer pequenas anotações ou responder exercícios. Assim, se considerar margens um pouco mais generosas para esses projetos, os alunos agradecerão.

Figura 4.11 – **Efeito calha**

Há, contudo, os casos em que o designer deseja, intencionalmente, que algum elemento "transborde" para além da página. Como o corte das folhas de papel pode sofrer variações, a sangra é uma margem de segurança que garante que os elementos vazados sejam impressos dessa maneira, sem o risco de aparecerem espaços em branco. No esquema da Figura 4.12, a seguir, note que a página da esquerda, sem sangra, ficou com um fio branco na borda ao ser cortada.

Figura 4.12 – **Simulação de corte de página sem sangra (1) e com sangra (2)**

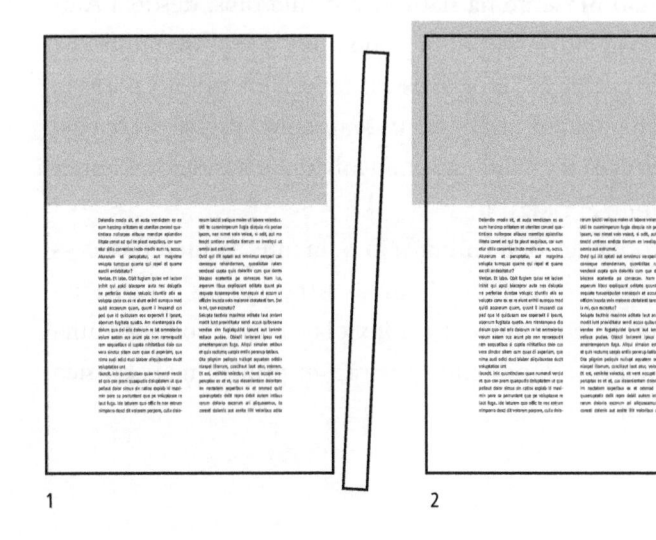

4.4.2 Proporção áurea

Como nas outras áreas do design, o *layout* de livros pode ganhar muito com a aplicação da seção áurea, conforme observam Müller-Brockmann (2012) e Tschichold (2007), entre outros. Simplificando muito um conteúdo muito complexo – e que vale a pena ser mais bem pesquisado –, podemos afirmar que ela é uma proporção, na razão de 1 para aproximadamente 1,618 (o número de ouro), encontrada em quase todos os elementos naturais, desde a disposição das pétalas de uma flor até as espirais das galáxias.

Por ser tão presente na natureza, os filósofos, desde a Antiguidade, consideraram o número de ouro o representante matemático da perfeição, e os artistas, especialmente no período do Renascimento, aplicaram exaustivamente a divisão áurea em suas obras. Além da matemática envolvida, o resultado é esteticamente muito agradável.

Essa proporção determina não somente as medidas e as distâncias, mas o equilíbrio de áreas preenchidas e vazias na página. Não deve ser uma regra inviolável, mas pode ser uma grande aliada caso o designer queira um projeto mais clássico e harmonioso.

Figura 4.13 – **Proporção áurea**

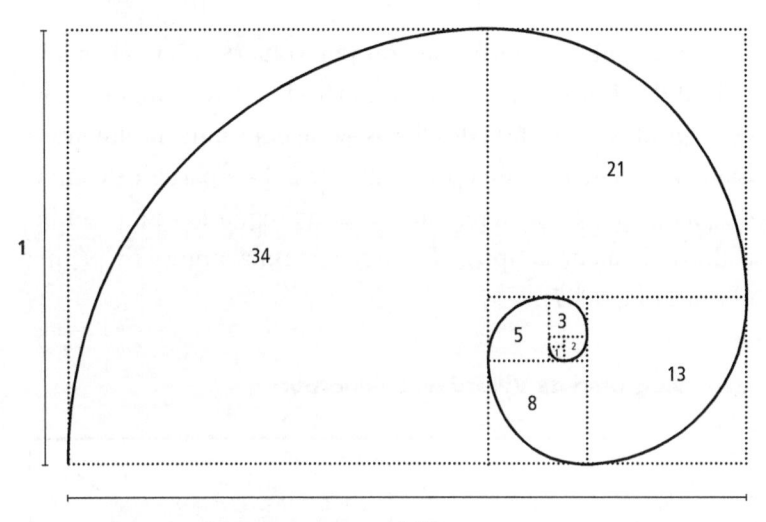

1,618

A sequência de Fibonacci é uma sequência numérica que, em linhas gerais, descreve o crescimento harmônico da natureza na razão áurea. Nela, cada número é igual à soma dos dois anteriores. Começando por 0 e 1, obtemos, portanto: 0, 1, 1, 2, 3, 5, 8, 13, 21, 34, 55, 89, 144, 233, 377 e assim em diante.

Utilizando essa escala, conseguimos resultados proporcionais e harmônicos no *layout* das páginas. Se, por exemplo, aplicarmos 8 mm de altura para determinado elemento, teremos um resultado visualmente agradável se o ajustarmos para 13 mm de largura.

4.4.3 Diagrama de Villard de Honnecourt

Um arquiteto francês nascido por volta de 1200, chamado Villard de Honnecourt, criou um método – talvez um dos mais consagrados na história dos livros – que determina facilmente a mancha da página numa proporção de 2:3 – 2 partes de conteúdo para 3 partes de áreas vazias. Ainda segundo esse desenho, a altura da mancha tipográfica tem a mesma largura da página (Tschichold, 2007).

Figura 4.14 – **Diagrama de Villard de Honnecourt**

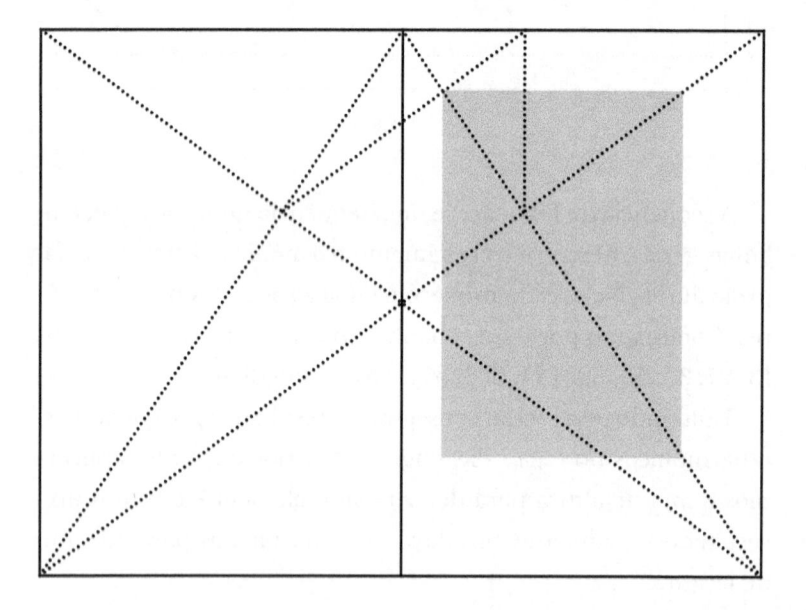

CURIOSIDADE

Caso você esteja lendo este livro na versão impressa, saiba que a mancha dele foi traçada pelo diagrama de Honnecourt. Porém, como no formato de papel padrão da editora a margem interna seria de apenas 16 mm – o que, com a calha, colocaria em risco as informações de dentro das páginas –, a equipe de design fez uma adaptação: determinou uma área "morta" nas margens internas e traçou as linhas do diagrama somente nas áreas "úteis", em cinza na Figura 4.15.

Figura 4.15 – **Adaptação do diagrama de Honnecourt**

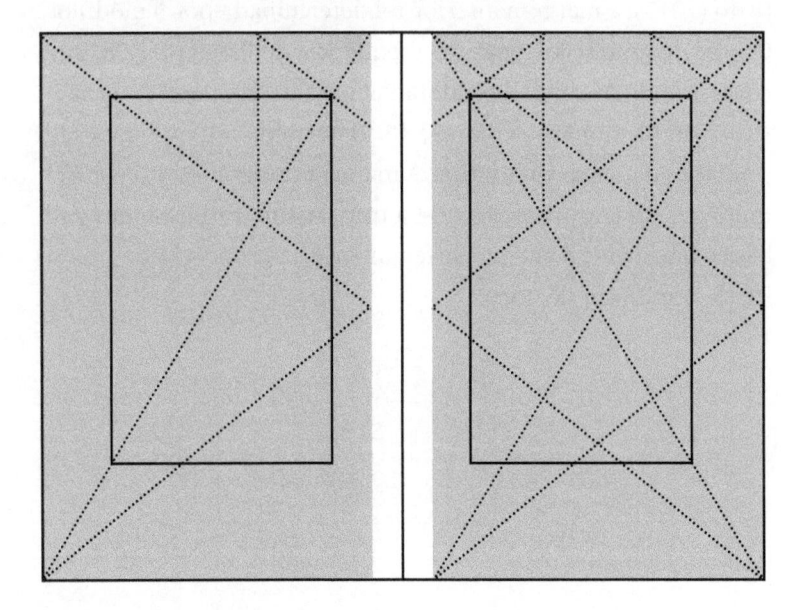

4.4.4 **Determinação do *grid* por unidades proporcionais**

Outra maneira, descrita por Tschichold (2007), de encontrar a mancha tipográfica seguindo a harmonia da proporção áurea é dividir a página em pequenos módulos iguais. As margens e a mancha da página são determinadas utilizando-se uma quantidade de módulos de acordo com a sequência de Fibonacci, que, lembremos, é: 0, 1, 1, 2, 3, 5, 8, 13, 21, 34, 55, 89, 144, 233, 377, 610 etc.

A seguir, na Figura 4.16, conforme uma divisão proposta por Justo (2017), a margem interior foi determinada por 5 módulos. O próximo número, segundo a sequência de Fibonacci, é 8, que corresponde às unidades adotadas para as margens externa e superior. O número seguinte, 13, determina a quantidade de unidades da margem inferior. A mancha tipográfica fica com 21 unidades de largura por 34 de altura. Assim, forma-se um *grid* básico que divide a página perfeitamente na proporção de 1 para 1,618, o número de ouro.

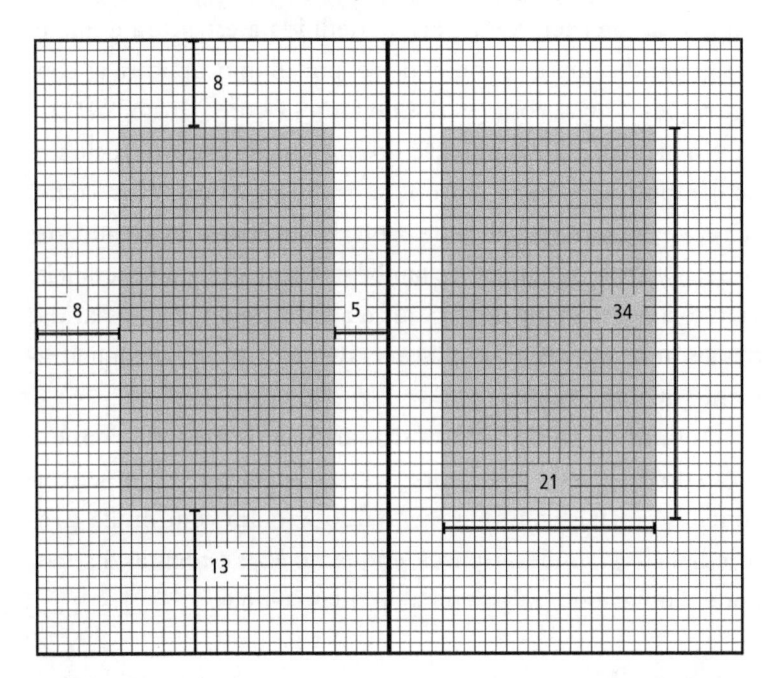

Figura 4.16 – **Determinação do *grid* por unidades proporcionais**

Fonte: Justo, 2017, p. 1170.

4.5 *Grid* para projetos digitais

Até aqui, tratamos do *grid* com foco principal nos livros impressos, até porque, historicamente, foi muito por causa deles que o estudo dessas estruturas se desenvolveu. Porém, com as devidas adaptações, tudo se aplica também a *grids* digitais.

O *grid* sempre é o ponto de partida na construção de uma página na internet. Só depois de definida a estrutura é que o designer adicionará os conteúdos e, por último, aplicará as configurações visuais, como estilos de fontes e cores (Justo, 2017).

No meio digital, a aplicação do *grid* – assim como os recursos de composição e *layout* – propicia os mesmos benefícios, como clareza e organização, além de conferir uma parte da identidade visual. Os espaços em branco também têm a mesma importância quanto à necessidade de garantir o agrupamento e a similaridade das informações, o equilíbrio e, de modo geral, o enquadramento de todo o *layout*.

Os tipos de *grid* utilizados são também os mesmos, com exceção do diagonal – por limitações das linguagens de desenvolvimento. Portais com mais conteúdo adotam com muita propriedade os *grids* hierárquicos, enquanto *blogs* e revistas digitais podem optar por *grids* de uma ou duas colunas.

Figura 4.17 – **Exemplos de *grids* de portal de conteúdo (1) e *blog* (2)**

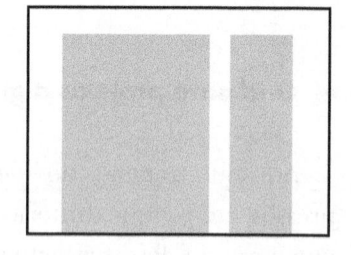

1

2

Quanto aos formatos e às proporções de tela, esses elementos serão determinados pelos dispositivos, ao contrário do que ocorre com os livros impressos, que não mudam e estão sempre de acordo com o formato definido pelo projeto gráfico.

Por conta dessa grande variedade de tamanhos de telas e da popularização dos *smartphones* – que registram hoje a maioria dos acessos, ultrapassando os computadores –, surgiu o *layout* responsivo, que é a adaptação do *layout* a diferentes larguras de tela.

No caso de uma tela grande, como a de um monitor, observaremos as quatro colunas do *grid* lado a lado. Num *tablet*, com menor largura em *pixels*, as colunas se reorganizarão, ficando duas em cima e duas em baixo. Já num *smartphone*, elas se empilharão, posicionando-se uma em cima da outra (Figura 4.18).

Figura 4.18 – **Grid aplicado ao *layout* responsivo**

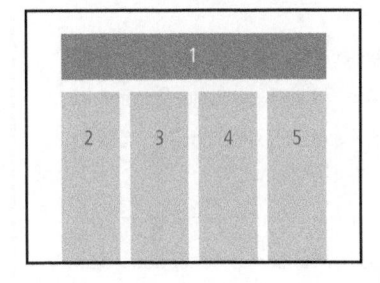

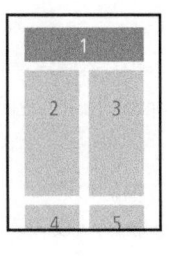

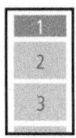

Isso somente acontece como resultado da boa construção do *grid*, que define a hierarquia dos módulos e organiza o conteúdo sempre na sequência correta de leitura, seja lado a lado, seja empilhado.

Estudo de caso

Como vimos, o *grid* pode ser determinado por diagramas preestabelecidos. Mas como encontrar as dimensões – altura e largura – para um *grid* mais personalizado, com medidas que você determinar? Vamos, a seguir, demonstrar, passo a passo, alguns dos raciocínios e cálculos tipográficos envolvidos nesse processo. Note que será um exercício simples, envolvendo somente alguns fatores básicos. No caso de um projeto real, haverá outras variáveis a serem consideradas, tais como títulos secundários, imagens e proporções de margens.

Antes de tudo, é preciso alterar o sistema de medidas empregado nas réguas do *software* inDesign, adotando-se pontos em vez de milímetros, a fim de trabalhar com precisão – lembre-se de que a tipografia utiliza um sistema de medidas próprio, e não o métrico. Basta clicar com o botão direito do *mouse* sobre a régua e selecionar *Pontos*. A régua, caso não esteja visível, é exibida ou ocultada com o atalho Ctrl + R.

PASSO 1

Suponhamos que, depois do *briefing* e de estudos iniciais, decidimos que o livro será impresso com 14 × 21 cm, em fonte Garamond, corpo 10 pt e entrelinha 14 pt (trataremos dessas escolhas no próximo capítulo), num *grid* de duas colunas.

O primeiro passo é definir, livremente na página, as margens para o *grid*, como se fizéssemos um esboço, ainda sem preocupação com medidas exatas. As margens da página podem ser definidas pelo menu *Layout > Margens e colunas*. Para este estudo, vamos começar com margens superior e inferior de 50 pt, interna de 85 pt e externa de 60 pt.

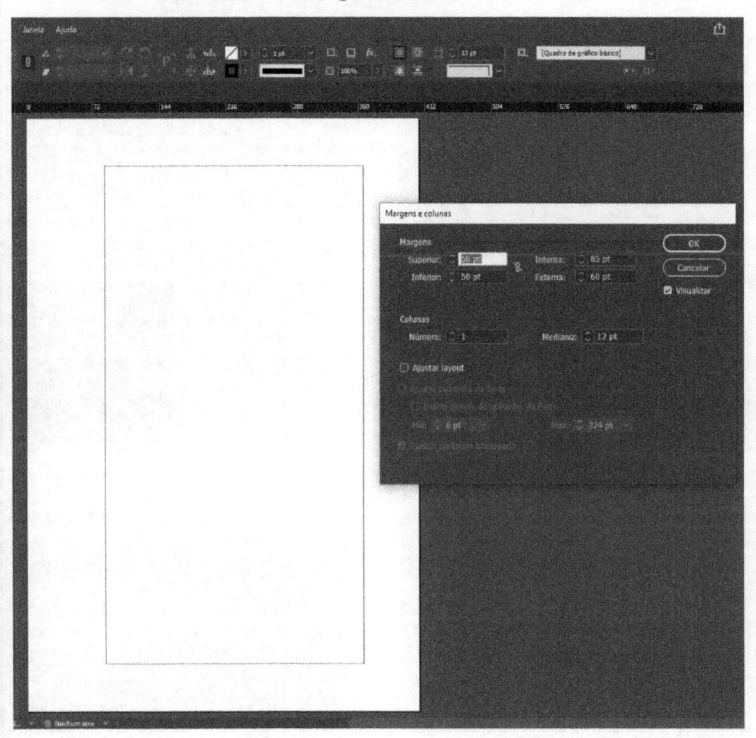

Figura 4.19 – **Definindo as margens iniciais**

Inserimos, então, uma caixa de texto. Para preenchê-la, podemos utilizar o texto original, o *Lorem ipsum* ou, mais prático, o gerador de textos do InDesign (para isso, basta clicar com o botão direito do *mouse* sobre a caixa de texto e selecionar a opção *Preencher com texto de espaço reservado*. Em seguida, aplicamos no texto as configurações de fonte escolhidas: neste caso, Garamond 10/14 pt, com parágrafos justificados.

Figura 4.20 – **Criando uma caixa de texto para simulação**

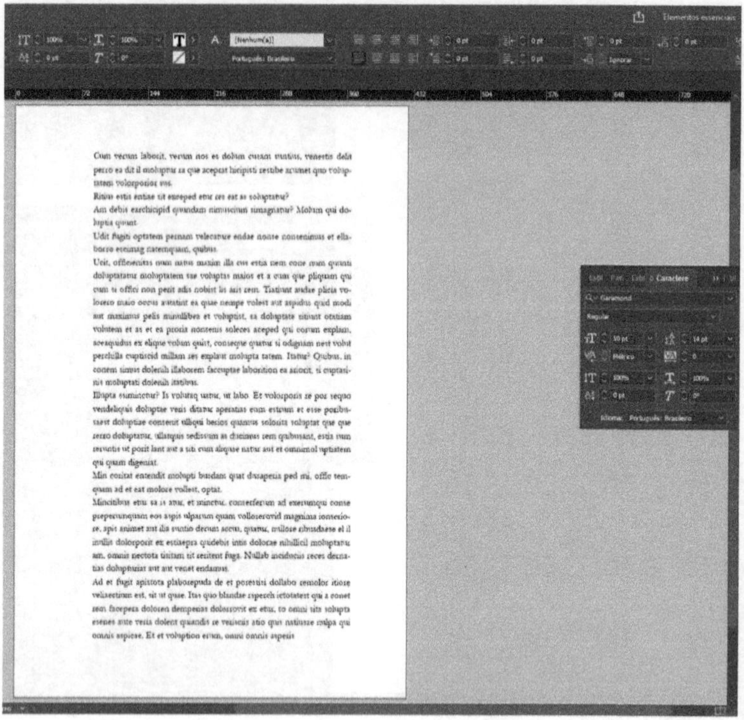

PASSO 2

Em seguida, contamos quantas linhas de texto obtivemos e conferimos com um cálculo simples: o módulo que esboçamos tem aproximadamente 524 pontos de altura, e cada linha de texto, 14 pt, então basta dividir 524 por 14. O resultado – que podemos confirmar visualmente, contando as linhas na tela e verificando que há uma sobra depois da última – é 37,5 linhas.

Como queremos um *grid* exato e não é possível inserir meia linha de texto, vamos arredondar a altura do módulo para 518 pontos, o que dará exatas 37 linhas, um bom número. Está determinada, assim, a altura da mancha tipográfica.

Figura 4.21 – **Mancha com exatas 37 linhas de texto**

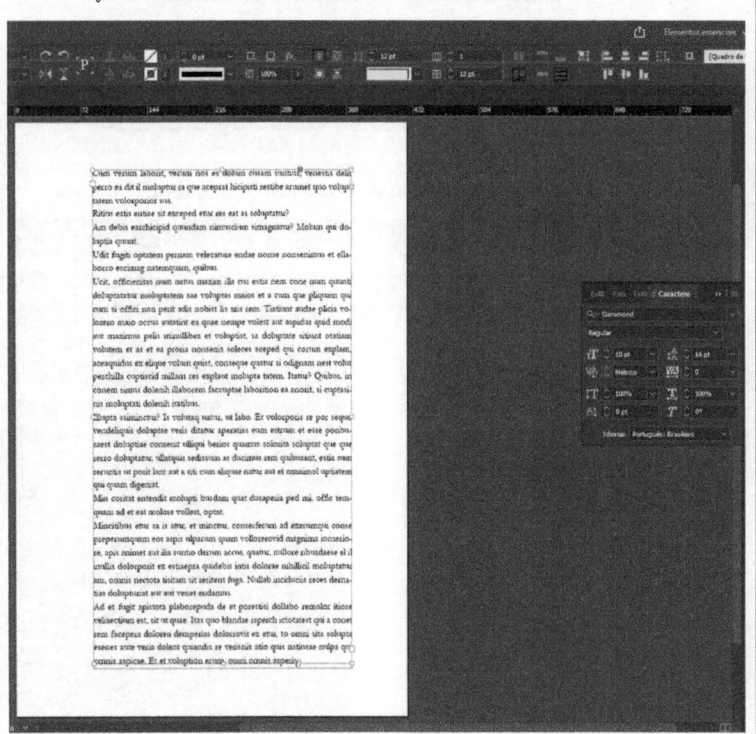

PASSO 3

Agora é a hora de pensar em outros elementos textuais, como títulos, subtítulos, citações e notas. Queremos que todos eles se encaixem com perfeição na malha.

Os títulos são, normalmente, maiores do que o texto, então vamos diagramá-los com corpo 21. Como temos uma altura de linha de 14 pt, os títulos ocuparão duas linhas, ficando com corpo 21 pt e entrelinha 28 pt.

Citações longas são somente um pouco menores do que o texto. Vamos, então, estipular corpo 9 pt para elas e manter a mesma entrelinha do texto-padrão, 14 pt.

Por fim, vamos definir corpo 7 pt e entrelinha 7 pt para as notas; assim, duas linhas de notas ocuparão a altura de uma linha de texto, obtendo-se uma subdivisão exata. Simulamos tudo isso no *grid* que estamos construindo.

Figura 4.22 – **Simulação de mancha de texto com título, citação e nota**

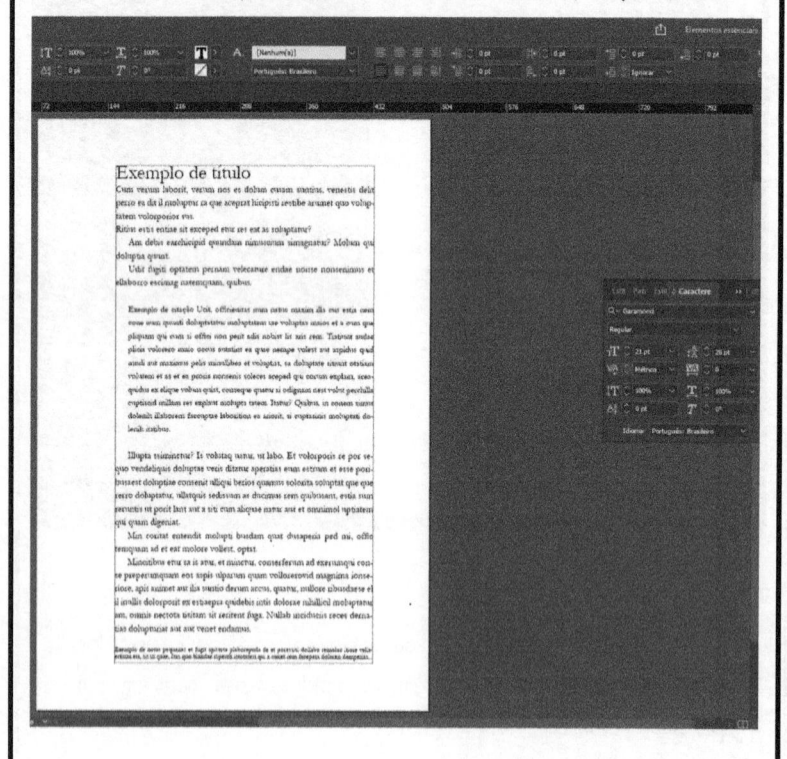

PASSO 4

Por fim, podemos dividir o *grid* em duas colunas e verificar o resultado. A altura do *grid* já está definida e, portanto, não mexeremos mais nela. O último passo envolve somente a largura.

O texto tem 14 pt de entrelinhas e 14 pt de recuo nas primeiras linhas dos parágrafos — 14 pt é, portanto, a medida do quadratim. Para mantermos tudo bastante regular, vamos dividir o módulo em duas colunas, com 14 pt de distância (medianiz) entre elas. Basta acessar o menu *Objeto > Opções de quadro de texto* ou utilizar o atalho Ctrl + B.

Figura 4.23 – **Dividindo o módulo em duas colunas de texto**

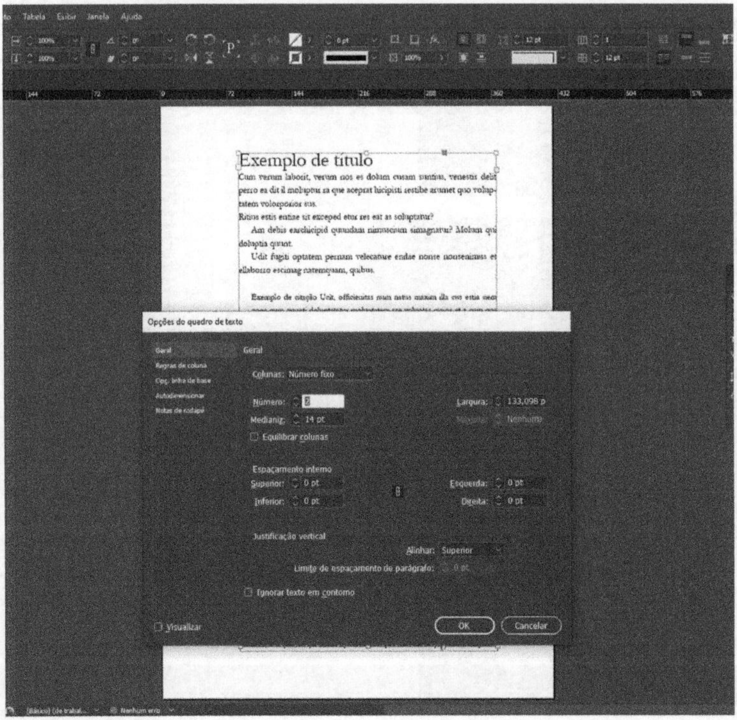

Digamos que, em nossa análise, as colunas pareçam um pouco estreitas, pois, numa contagem visual, notamos que elas ficaram com, em média, 32 caracteres em cada linha. Vamos, então, diminuir um pouco as margens interna e externa de modo que as colunas possam acomodar um pouco mais de texto, em torno de 42 caracteres.

Aos poucos, vamos testando e ajustando tudo no menu *Margens e colunas*, para que as margens coincidam exatamente com a caixa de texto que criamos. Determinamos, por fim, que a margem superior medirá 50 pt e a inferior, 55 pt; a interna terá 68 pt e a externa, 55 pt.

Figura 4.24 – **Ajustando as margens à caixa de texto desejada**

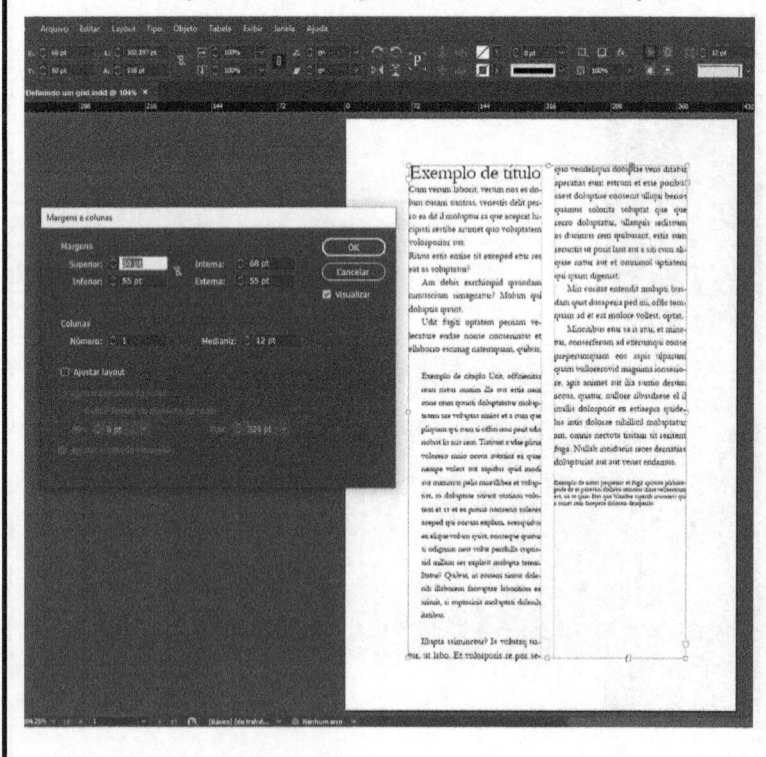

O resultado, então, é o seguinte: duas colunas com 32 linhas de altura e aproximadamente 42 caracteres de largura. Com esse *grid* construiremos todas as páginas do livro.

Figura 4.25 – **Grid final obtido**

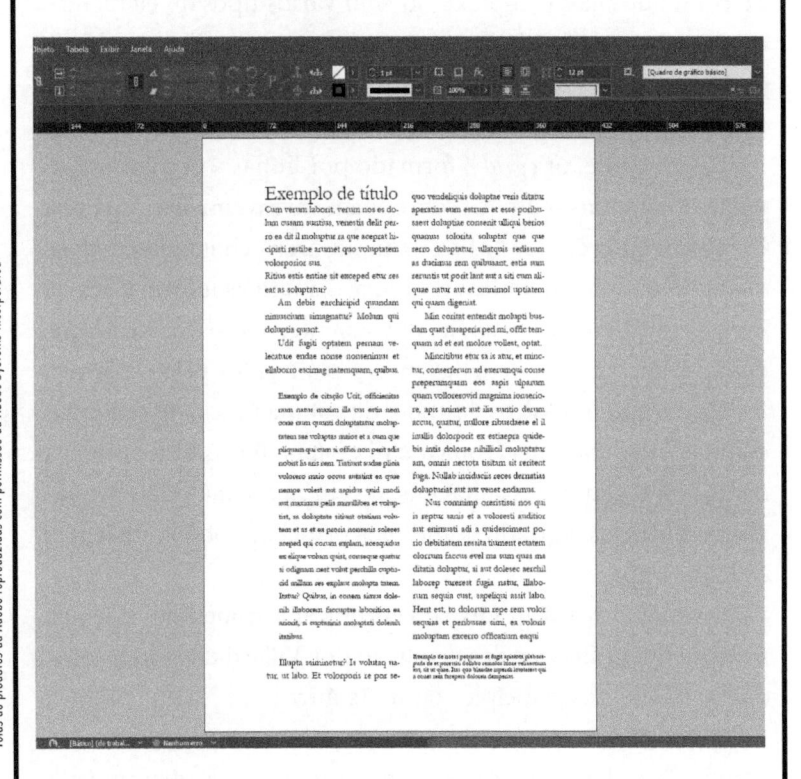

SÍNTESE

O *grid* é uma ferramenta importante na determinação do *layout* de um livro. Ele é especialmente útil no caso de materiais de conteúdo mais complexo ou com vários tipos de elementos, como os materiais didáticos. Os motivos para a utilização de um *grid* podem ser assim resumidos: economia, clareza, eficiência e identidade (Samara, 2007).

Basicamente, um *grid* é formado por linhas – as colunas e as guias horizontais – que se sobrepõem invisivelmente à página. O cruzamento dessas linhas delimita áreas chamadas *módulos* ou *retículas*, que são onde o designer disporá as informações do livro. O *grid* demarca também, obviamente, os espaços vazios que emolduram o conteúdo e devem ser planejados pelo designer.

Existem tipos básicos de *grid* – de coluna única, de múltiplas colunas, modular, hierárquico e diagonal. Todos têm peculiaridades, vantagens e desvantagens. Os *grids* para materiais digitais são desenhados segundo os mesmos princípios observados para os livros impressos.

Um método consagrado para encontrar as dimensões ideais da mancha tipográfica é o desenvolvido por Villard de Honnecourt, que se baseia nos princípios da seção áurea.

O *grid* de um projeto só pode ser efetivamente construído depois de o designer conhecer o conteúdo a ser diagramado. Devem ser considerados os diferentes aspectos do original, como extensão do texto, uso de imagens e boxes, e até mesmo os padrões ou limitações da editora. Como em tudo o mais que está relacionado à criação do projeto gráfico, são as necessidades do conteúdo que definirão o trabalho de design.

QUESTÕES PARA REVISÃO

1. Leia as afirmativas a seguir e, depois, assinale a alternativa correta.

    I. A seção áurea, regra presente na natureza e estudada desde a Antiguidade, determina *grids* harmoniosos e bem proporcionados.
    II. O *grid* pode ser construído sem que seja consultado o texto original, para que depois o conteúdo seja adaptado a essa grade.
    III. Uma das desvantagens do *grid* é que ele torna o processo de diagramação mais complexo.

    a. Somente a afirmativa I está correta.
    b. Somente a afirmativa II está correta.
    c. As afirmativas I e III estão corretas.
    d. Todas as afirmativas estão incorretas.
    e. Todas as afirmativas estão corretas.

2. Assinale a alternativa que enumera somente elementos que formam o *grid*:

    a. Marcadores, margens, entrelinhas.
    b. Colunas, guias horizontais, medianizes.
    c. Módulos, retículas, colofão.
    d. Varais, marcadores, lombada.
    e. Pontos, reta, formas.

3. Como visto neste capítulo, podemos classificar os *grids* quanto ao número, à forma ou à função de seus módulos. Com relação aos tipos básicos de *grid*, assinale a alternativa **incorreta**:

   a. *Grids* de coluna única não são muito recomendáveis para livros de grandes dimensões.
   b. *Grids* de colunas múltiplas geralmente requerem cuidados especiais para a justificação de parágrafos.
   c. *Grids* modulares oferecem múltiplas possibilidades de *layout*.
   d. *Grids* hierárquicos são adotados somente em materiais digitais, como *e-books* e portais de notícias.
   e. É possível adotar um *layout* sem um *grid* retangular e, ainda assim, obter bons resultados.

4. Cite algumas vantagens do uso do *grid* na diagramação de um livro.

5. Por que se assume que o uso da proporção áurea na definição das margens e módulos do *grid* confere harmonia visual ao livro?

QUESTÃO PARA REFLEXÃO

1. Em um exercício similar ao que foi proposto no Capítulo 1, folheie algumas publicações – de preferência jornais, revistas ou livros com imagens e diversos tipos de informação – ou acesse um portal de notícias e tente identificar o *grid* que compõe as páginas.

Reflita sobre as estruturas e as características observadas: Qual é o tipo de *grid* utilizado? O mesmo *grid* é aplicado em todas as páginas? Em quantas colunas ele está dividido? Os elementos ocupam somente um módulo ou avançam sobre dois ou três? Qual é a proporção aproximada entre espaços preenchidos e vazios? No caso de material impresso, as margens são suficientes para um manuseio adequado?

Se desejar, faça esquemas simplificados do que observou. Analisar as soluções de diversos designers é uma boa maneira de elaborar um repertório ao qual se pode recorrer no momento da criação de um novo projeto.

Triff/Shutterstock

CAPÍTULO 5

DIAGRAMAÇÃO

CONTEÚDOS DO CAPÍTULO:
- Visão geral da diagramação.
- Escolha e uso de fontes.
- Outros elementos de tipografia.
- Boas práticas, padronização e revisão.

APÓS O ESTUDO DESTE CAPÍTULO, VOCÊ SERÁ CAPAZ DE:
1. decidir sobre aspectos visuais da diagramação;
2. reconhecer algumas das boas práticas dessa etapa do processo de edição do livro.

5.1 Visão geral da diagramação

A diagramação, uma das tarefas envolvidas na criação dos livros, é a técnica de distribuir os textos e os elementos gráficos no espaço das páginas.

Como temos comentado em todos os capítulos, ao longo do texto, o designer de livros lidará com várias situações que exigirão estilos diferentes na composição. O ideal é que, tendo sido aprovado o projeto gráfico e liberada a versão final do texto, não aconteçam surpresas durante o processo de diagramação. O profissional responsável pelo projeto deve saber de antemão as questões com que vai se deparar e prevê-las em seu trabalho, de modo que tudo esteja preparado para a diagramação. Para isso, é necessário, antes de iniciar essa etapa, fazer uma boa leitura do texto e apropriar-se de suas características.

Uma máxima, infelizmente muito repetida, é a de que "diagramador não lê". É preciso combater essa visão de que a diagramação é somente a operação de um *software* ou o cumprimento de procedimentos e *checklists*. A leitura, obviamente, não precisa ser demorada nem crítica, mas num nível suficiente, que permita reconhecer as necessidades do texto e traçar estratégias para ajudar as palavras do autor a chegar, da melhor maneira, aos leitores.

Podemos concluir, com base nos conceitos de que tratamos nos capítulos anteriores, que diagramar é dispor um texto na página ou tela de forma a determinar um ritmo de leitura e ajudar o leitor a decifrar a mensagem sem dificuldades – pelo menos no que se refere aos elementos visuais.

No dia a dia das editoras, frequentemente o planejamento do projeto gráfico e a execução da diagramação completa são realizados por profissionais diferentes. Nesse fluxo de trabalho, o diagramador não tem muito espaço para criação e executa tudo de acordo com as regras criadas pelo designer ou editor de arte. Em nosso estudo, porém, vamos considerar a diagramação como o ato de pensar e dispor as linhas do texto, uma das etapas na criação do projeto gráfico.

5.2 Escolha e uso de fontes

A primeira decisão, obviamente, é escolher a fonte principal em que o texto será diagramado. Como vimos no capítulo sobre composição, a tipografia expressa conteúdo, e a mensagem visual contida em suas formas não pode ser desperdiçada. Em termos mais práticos – já que diagramar é "botar a mão na massa" –, podemos apontar outros fatores que também devem guiar essa escolha.

"O *designer* procura problemas especiais" (Hendel, 2006, p. 38) é uma colocação que resume bem a tarefa. É importante fazer uma leitura do original em busca de situações que tenham de ser resolvidas pela tipografia. A seguir, comentamos alguns desses casos.

- A fonte dispõe de todos os caracteres que o texto exige?

Como já mencionamos, livros de ciências exatas requerem caracteres especiais e há autores que fazem uso de destaques ou originais nos quais estão presentes palavras estrangeiras que terão de ser sinalizadas em itálico, provavelmente. Ademais, não é raro que fontes grátis baixadas na internet não tenham todo o conjunto de acentos que são utilizados em português. Trocar a fonte durante a diagramação causa diversos problemas no processo, além de, é claro, frustrar a intenção inicial do projeto.

- A fonte e o corpo são adequados ao público do livro?

Livros infantis permitem maior liberdade de escolha; já materiais destinados especificamente à fase de alfabetização requerem fontes de desenho mais direto e simples, num corpo grande e facilmente reconhecível. Pode ser interessante diagramar livros de culinária em corpos de fonte maiores, visto que ficarão sobre um balcão enquanto o leitor prepara as receitas.

- A fonte é historicamente adequada?

Na maioria das vezes, isso será irrelevante, mas devemos considerar que o designer pode agregar conteúdo por meio da tipografia. Um romance vitoriano diagramado em fonte Baskerville pode reproduzir em parte a experiência da época. Um material didático sobre o Império Romano ganhará um quê a mais se tiver títulos em fonte Trajan, de desenho inspirado na coluna de Trajano, imperador romano.

- A fonte tem um bom aproveitamento de espaço?

Algumas fontes têm caracteres mais estreitos e próximos entre si, o que resulta em um número maior de caracteres por linha e, consequentemente, em mais palavras por página. É especialmente útil observar essa característica quando há restrições de orçamento ou o designer tem de se ater a um número máximo ou mínimo de páginas.

Há também o caso de poemas – de novo a poesia! – que têm versos longos: uma fonte mais condensada pode ser uma solução para diminuir um pouco a necessidade de quebrar os versos.

- A fonte é econômica no consumo de tinta?

Fontes de desenho mais claro consomem menos tinta para serem impressas do que as de traços mais carregados. Esta é uma decisão que pode parecer irrelevante, mas que, numa grande tiragem, como as de jornais ou de livros vendidos para o governo, com margens de lucro muito pequenas, pode ajudar a reduzir os custos de impressão.

5.2.1 Combinação de fontes

A combinação de fontes também merece cuidado especial. Caso o designer opte por utilizar mais de uma família no projeto gráfico – uma fonte para títulos e uma para o texto, por exemplo –, é possível escolher duas abordagens diferentes, dependendo do efeito desejado:

1. **Similaridade** – Usam-se fontes com a mesma altura x ou a mesma largura de caracteres, com *kerning* e espessura dos traços equivalentes, com "esqueletos" similares.
2. **Contraste** – Usam-se fontes de diferentes estilos, com pesos contrastantes, condensadas *versus* expandidas, caixa-alta *versus* caixa-baixa.

Figura 5.1 – **Combinação por similaridade (1) e contraste (2)**

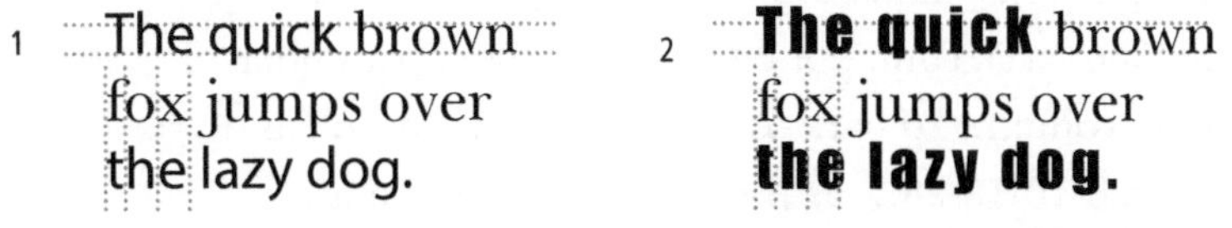

1 The quick brown
fox jumps over
the lazy dog.

2 **The quick brown
fox jumps over
the lazy dog.**

5.2.2 Corpo da fonte

Quanto ao tamanho ou corpo da fonte, a legibilidade deve ser o fator primordial, mais importante do que a aparência. Considera-se que livros impressos são segurados a uma média de 30 a 35 cm dos olhos (Müller-Brockmann, 2012) e, portanto, todos os caracteres devem ser bem legíveis a essa distância. É recomendado que o designer imprima testes em escala real e verifique a legibilidade não só para si próprio, mas para pessoas que estejam ao redor.

Nos materiais digitais, os mesmos critérios devem ser priorizados, tendo em vista que as distâncias recomendadas por oftalmologistas (Mulser, 2019) são de pelo menos 60 cm para monitores e 40 cm para *smartphones*. No caso de *e-readers*, essa não chega a ser uma questão relevante, já que o leitor pode configurar o texto para a fonte e o corpo que desejar.

No caso de títulos, notas de rodapé e legendas, valem os conceitos que vimos até aqui: as fontes devem ser dimensionadas de modo a aumentar ou diminuir o contraste e a proximidade. Diferentes informações precisam ser apresentadas em fontes de diferentes tamanhos.

Nessa definição de hierarquia por tamanho, pode ser interessante criar uma escala harmônica (Figura 5.2), à maneira da de Fibonacci, com, por exemplo, corpo 8 para notas, 12 para o texto comum, 20 para os títulos e 32 para as folhas de rosto, ou então 8-10-18-28... as possibilidades são muitas.

Figura 5.2 – **Proporção entre corpos de fonte**

Lorem ipsum	Lorem ipsum	Lorem ipsum	Lorem ipsum
8	12	20	32

5.2.3 Entre letras...

O espaço entre letras já foi determinado cuidadosamente pelo tipógrafo que criou a fonte e, no geral, é muito bem administrado pelos *softwares* de editoração; logo, não requer ajustes na maior parte dos casos. No entanto, o designer do livro pode desejar obter algum efeito especial – contraste de títulos, por exemplo – e alguns casos bem específicos podem exigir ajustes manuais.

O *kerning* é o espaço horizontal entre duas letras, que pode ser métrico ou ótico. O *kerning* métrico adota uma distância padrão entre todos os caracteres, independentemente de seu desenho, enquanto o ótico leva em conta as peculiaridades do desenho de cada letra, permitindo uma aproximação mais harmônica (Figura 5.3).

Figura 5.3 – **Kerning métrico (1) e ótico (2)**

Avenida
Brasil, 1020

Avenida
Brasil, 1020

1

2

O *tracking* é o espaçamento horizontal, aplicado de maneira uniforme, entre todos os caracteres de uma linha. Estreitá-lo ou alargá-lo pode ser uma estratégia para fazer caber mais ou menos caracteres numa linha, simplesmente por ter um aproveitamento melhor ou para produzir um efeito de contraste.

Figura 5.4 – **Tracking**

Lorem ipsum dolor sit amet, consectetur adipiscing elit, sed do eiusmod tempor incididunt ut labore et dolore magna aliqua.
Ut enim ad minim veniam, quis nostrud exercitation ullamco laboris nisi ut

Lorem ipsum dolor sit amet, consectetur adipiscing elit, sed do eiusmod tempor incididunt ut labore et dolore magna aliqua.
Ut enim ad minim veniam, quis nostrud exercitation ullamco laboris nisi ut aliquip ex ea commodo consequat.

5.2.4 **... e entrelinhas**

A entrelinha, ou *leading*, é o espaço vertical entre a base de uma linha e a base da próxima linha abaixo.

Clarice Lispector certa vez afirmou: "já que se há de escrever, que ao menos não se esmaguem com palavras as entrelinhas" (Lispector, 1999, p. 19). É óbvio que ela se referia às entrelinhas metafóricas da escrita, mas podemos tomar de empréstimo as palavras dela para pensar de modo mais literal: as entrelinhas devem ser suficientes para não esmagar as linhas de texto.

Figura 5.5 – **Entrelinhas**

Lorem ipsum dolor sit amet, consectetur adipiscing elit, sed do eiusmod tempor incididunt ut labore et dolore magna aliqua. Ut enim ad minim veniam, quis nostrud exercitation ullamco laboris nisi ut aliquip ex ea commodo consequat.

Lorem ipsum dolor sit amet, consectetur adipiscing elit, sed do eiusmod tempor incididunt ut labore et dolore magna aliqua.

Ut enim ad minim veniam, quis nostrud exercitation ullamco laboris nisi ut aliquip ex ea commodo consequat.

Caso o designer opte por entrelinhas pequenas, é indicado que as colunas sejam estreitas, pois assim é menor a chance de o leitor se perder na passagem de uma linha para a próxima. Já colunas largas com entrelinhas pequenas serão, na certa, de leitura muito difícil.

Em termos práticos, a entrelinha tem também papel essencial no aproveitamento de página. Um ponto a mais ou a menos pode resultar numa diferença final de várias páginas. Regular essa medida pode ser, portanto, uma boa ferramenta caso haja um número de páginas mínimo ou máximo estipulado.

5.2.5 Recuo ou indentação

Além do recuo de início de parágrafo, abordado na Subseção 3.2.2, é possível trabalhar com o recuo de toda a margem esquerda de parágrafos especiais, chamado também de *indentação*. Esse recuo tem como objetivo principal criar uma quebra visual que demonstre ao leitor que se trata de informações de natureza diferente.

Citações longas de outros autores, por exemplo, precisam, por norma, ser diferenciadas do texto corrente do livro. A maneira mais comum de fazer isso consiste em deixar os parágrafos citados mais distantes da margem do que os parágrafos comuns.

Da mesma forma, o recuo é um recurso excelente para marcar visualmente a hierarquia entre marcadores: quanto maior a distância da margem, mais baixo o nível da informação (Figura 5.6). Esse é um recurso também muito utilizado na escrita – e consequente diagramação – da poesia.

Figura 5.6 – **Recuos de citações (1) e marcadores (2)**

Lorem ipsum dolor sit amet, consectetur adipiscing elit, sed do eiusmod tempor incididunt ut labore et dolore magna aliqua.
> Ut enim ad minim veniam, quis nostrud exercitation ullamco laboris nisi ut aliquip ex ea commodo consequat.

Lorem ipsum dolor sit amet, consectetur adipiscing elit, sed do eiusmod tempor

- Lorem ipsum dolor sit amet, consectetur adipiscing elit:
  › Sed do eiusmod tempor incididunt:
    - Ut labore et dolore magna aliqua.
    - Ut enim ad minim veniam, quis nostrud exercitation ullamco laboris nisi ut aliquip ex ea commodo consequat.

1   2

5.2.6 Alinhamento

O alinhamento é uma característica importante no fluxo de leitura, um dos principais elementos quando se trata de harmonia e regularidade. De maneira geral, podemos apontar três tipos de alinhamento com relação ao eixo:

1. **À esquerda** – É o alinhamento mais comum, pois segue o sentido de leitura dos idiomas ocidentais. Basicamente, é com ele que o diagramador vai lidar em quase toda a extensão do livro.
2. **Centralizado** – Tradicionalmente, é utilizado para informações de destaque, como títulos, pois leva o leitor a deslocar o olhar para o centro da página. É também bastante comum em poemas.
3. **À direita** – É o menos comum e o menos convencional, já que é o oposto em relação ao nosso sentido de leitura. Tradicionalmente, é o alinhamento empregado para epígrafes, legendas e referências de fonte das informações.

Os parágrafos justificados são aqueles em que os caracteres são forçados a ocupar toda a largura da linha – em trechos de texto que tenham mais de uma linha. Como preenchem melhor a mancha tipográfica, causam maior sensação de harmonia e, por isso, são os mais utilizados na composição de textos longos.

Quanto a essa opção, é importante observar os problemas que podem ocorrer. Colunas muito estreitas de texto podem não ser compatíveis com a justificação, formando-se grandes espaços vazios entre as palavras (Figura 5.7) ou produzindo-se hifenização em excesso. Mesmo em linhas mais largas, os *softwares* podem criar efeitos indesejáveis para acomodar palavras compridas. É preciso, então, não confiar na regra automática e regular manualmente certos casos. Os colegas revisores, ao fazerem a leitura final dos materiais, são grandes aliados para apontar casos que o designer não tenha percebido.

Figura 5.7 – **Justificação em colunas estreitas**

Lorem ipsum dolor sit amet, consectetur adipiscing elit, sed do eiusmod tempor incididunt ut labore et dolore magna aliqua. Ut enim ad minim veniam, quis nostrud exercitation ullamco laboris nisi ut aliquip ex ea

1

Lorem ipsum dolor sit amet, consectetur adipiscing elit, sed do eiusmod tempor incididunt ut labore et dolore magna aliqua. Ut enim ad minim veniam, quis nostrud exercitation ullamco laboris nisi ut aliquip ex ea commodo

2

5.2.7 Viúvas e órfãs

Uma palavra viúva é aquela que sobra no fim de uma página, coluna ou parágrafo. Já a órfã é a que fica sozinha no topo de uma página ou coluna. As duas caracterizam situações que quebram a textura da mancha tipográfica e causam ruídos na leitura.

As viúvas, em geral, são mais bem toleradas, desde que não se trate de palavras pequenas ou sílabas isoladas. Já as órfãs são graficamente mais graves e devem ser evitadas.

Figura 5.8 – **Linha viúva (1) e linha órfã (2)**

1   Lorem ipsum dolor sit amet, consectetur adipiscing elit, sed do eiusmod tempor incididunt ut labore et dolore magna aliqua. Ut enim ad minim veniam, quis nostrud exercitation.

Ullamco laboris nisi ut aliquip commodo consequat. Duis aute irure dolor in reprehenderit in voluptate velit esse cillum dolore eu fugiat nulla pariatur. Excepteur sint occaecat cupidatat non proident, sunt

2   Lorem ipsum dolor sit amet, consectetur adipiscing elit, sed do eiusmod tempor incididunt ut labore et dolore magna aliqua. Ut enim ad minim veniam, quis nostrud exercitation ullamco laboris nisi ut aliquip

commodo. Consequat. Duis aute irure dolor in reprehenderit in voluptate velit esse cillum dolore eu fugiat nulla pariatur. Excepteur sint occaecat cupidatat non proident, sunt

Há maneiras de evitá-las, como diminuir um pouco o *tracking* do parágrafo – puxando, assim, a órfã para a linha anterior – ou, mesmo, aumentá-lo – forçando outra palavra a descer para fazer companhia à viúva. Em último caso, pode-se manipular a entrelinha da página. Muitas vezes, diminuir 0,5 ponto é suficiente para fazer caber uma linha a mais. São, porém, casos de "escolha seu veneno", em que se evita um mal causando outro, motivo pelo qual devem ser cuidadosamente considerados. O que não se pode, em hipótese alguma, é ceder à tentação de alterar o texto, suprimindo-se ou trocando-se palavras.

Caso o profissional não queira julgar os casos um a um, o inDesign permite a criação de regras de parágrafo que evitam automaticamente tais situações.

5.2.8 Caracteres especiais

Como também já comentamos, a diagramação deve ter um cuidado especial na aplicação de caracteres especiais. É útil conhecer alguns dos atalhos principais, listados no Quadro 5.1, a seguir.

Quadro 5.1 – **Atalhos de caracteres especiais**

Caractere		Atalho Windows	Atalho MacOS
Reticências	...	Alt 0133	Option ;
Travessão ene	–	Alt 0150	Option –
Travessão eme	—	Alt 0151	Option shift –
Aspas simples (abre)	'	Alt 0145	Option]
Aspas simples (fecha)	'	Alt 0146	Option shift]
Aspas duplas (abre)	"	Alt 0147	Option [
Aspas duplas (fecha)	"	Alt 0148	Option shift [
Parágrafo	¶	Alt 0182	Option 7
Marcador (*bullet*)	•	Alt 0149	Option 8
Grau	°	Alt 0176	Option shift 8
Ordinal feminino	ª	Alt 0170	Option 9
Ordinal masculino	º	Alt 0186	Option 0
Número	Nº	Alt 8470	Option shift ;
Permilagem	‰	Alt 0137	Option shift E
Copyright	©	Alt 0169	Option g
Espaço fino (não separável)	1 000	Alt 0160	Option espaço

5.3 Boas práticas, padronização e revisão

Dizem que as boas bordadeiras podem ser reconhecidas não só pela aparência do bordado em si, mas também pelo avesso de seus trabalhos. Um bordado bonito consegue-se com a prática, mas um avesso perfeito é coisa rara.

Da mesma maneira, há aspectos na diagramação que podem até não ser aparentes no resultado visual, mas garantem a qualidade dos arquivos e facilitam os processos que podem acontecer depois do trabalho de design, como conversão para edição digital ou uma posterior reedição do livro – quando alguém, nem sempre o mesmo profissional, terá de resgatar e retrabalhar os arquivos.

É importante uma diagramação "limpa", com estilos corretamente aplicados, sem quebras forçadas de parágrafos e com o mínimo possível de configurações manuais. Especialmente nos livros que serão convertidos para o formato ePub – abreviação de *electronic publication*, o formato mais utilizado nos leitores digitais –, essas práticas são ainda mais essenciais, pois, na conversão de formatos, as configurações manuais se perderão[1].

Quando o designer presta serviço para uma editora – seja como colaborador contratado, seja como profissional *freelancer* –, é comum que ela lhe forneça um manual de estilo. Esse documento contempla situações de texto e de design e apresenta

---

[1] A preparação e a conversão de livros para publicação digital são um assunto à parte e merecem estudo. Atualmente, quase todas as grandes editoras têm feito esforços tanto para lançar os novos títulos simultaneamente nos formatos impresso e eletrônico quanto para converter seus catálogos para o meio digital. Portanto, tem crescido a demanda para que as diagramações sejam entregues de maneira a facilitar esse trabalho posterior.

padrões a serem seguidos. É bom que o profissional se aproprie de todas as informações para prestar um serviço de qualidade. Algumas, por exemplo, indicam que se grafe um milhão com pontos separando os milhares (1.000.000), enquanto outras estabelecem que se usem espaços finos (1 000 000). Também pode haver orientações sobre hifenização, formatação de referências, uso de destaques etc.

A editora pode apresentar igualmente regras para a entrega de trabalhos, como os *softwares* e as respectivas versões aceitos e orientações sobre a geração de arquivos no formato PDF (*Portable Document Format*) ou a remessa de provas impressas.

A diagramação, contudo, não termina quando se entrega o material – só acaba quando termina. É, na verdade, uma primeira versão. Via de regra, a prova será revisada. O costume é que o diagramador faça a aplicação dessas correções posteriormente.

É importante que o profissional de diagramação seja meticuloso nessa tarefa, aplicando uma a uma as marcações do revisor e fazendo, ao fim, um bom cotejo (comparação entre duas versões de um texto) para verificar se nada passou despercebido.

IMPORTANTE!

De modo geral, os revisores adotam um padrão único para a marcação dos pedidos mais recorrentes de revisão. É interessante saber interpretar esses pedidos para aplicar a revisão com eficiência.

No entanto – e o *home office* forçado por conta da pandemia de covid-19 acelerou essa mudança –, as editoras têm adotado cada vez mais a revisão digital, em que os revisores deixam comentários em arquivos em formato PDF. Recentemente, aliás, o inDesign possibilitou a importação de comentários do PDF, o que permite que os apontamentos do revisor sejam transferidos diretamente para a diagramação; assim, os pedidos mais simples – caso sejam corretamente feitos no Adobe Acrobat – podem ser aplicados automaticamente e os demais podem ser verificados um a um.

Além da revisão de língua, há uma outra revisão, da alçada dos designers, com o objetivo de verificar visualmente a diagramação. Ela pode ser feita pelo criador do projeto gráfico ou, se forem pessoas diferentes, pelo próprio diagramador – nesse caso, é bom que haja um intervalo de tempo depois de finalizada a diagramação, para evitar o que chamamos de *vício do olhar*. Pode ser realizada, ainda, por um outro colega ou pelo editor de arte.

Para essa revisão, pode ser interessante adotar um *checklist*, que ajude o profissional a não esquecer os itens a serem observados. O diabo mora nos detalhes, afinal. Alguns itens que podem ser checados estão sintetizados nas questões a seguir:

- Todos os estilos foram corretamente aplicados?
- Os espaçamentos verticais foram corretamente aplicados? No caso de dois estilos com espaçamento (por exemplo, um subtítulo logo após um título), somente um deles foi mantido?
- O sumário foi atualizado de acordo com a última versão da diagramação?
- Não há linhas órfãs ou viúvas?
- A hifenização foi corretamente aplicada? Algum *link* foi hifenizado e, com isso, descaracterizado? Existe regra quanto à hifenização de nomes próprios?

- Existe alguma fonte "intrusa" na diagramação? Todos os caracteres especiais estão corretamente exibidos?
- Existe alguma cor "intrusa" entre as combinadas para a impressão?
- Todos os créditos de imagens foram aplicados segundo o padrão da editora?
- O número final de páginas está de acordo com a orientação de fechamento de cadernos?
- As imagens estão em boa resolução e, se coloridas, num sistema de cor adequado à saída (CMYK para impressão e RGB para digital[2])?
- As imagens e fundos vazados – aqueles que ultrapassam as bordas da página – estão com limite de sangra?

SÍNTESE

A diagramação é a ação de dispor os textos e as imagens na página, de modo a seguir as linhas do projeto gráfico e, acima de tudo, expor com correção e clareza o texto do autor.

As fontes podem ser escolhidas considerando-se, entre outros aspectos, as características do texto, os efeitos visuais desejados e o público que a editora almeja atingir. No caso de se usar mais de uma fonte, é possível optar por dois caminhos: similaridade ou contraste, de acordo com o efeito desejado.

[2] Grosso modo, as impressoras se baseiam nas combinações do sistema CMYK – do inglês *cyan, magenta, yellow* e *black* (ciano, magenta, amarelo e preto) – para formar as cores, enquanto os suportes eletrônicos utilizam o sistema RGB – do inglês *red, green* e *blue* (vermelho, verde e azul).

O espaçamento entre letras, as entrelinhas, os recuos e o alinhamento dizem respeito à organização e ao aproveitamento dos espaços e podem definir o ritmo de leitura, conferir mais clareza ao texto e marcar hierarquias. O alinhamento pode ser feito à esquerda – o mais convencional –, à direita ou ao centro. Parágrafos justificados são mais agradáveis para leituras mais demoradas, mas requerem cuidado especial em sua composição.

Linhas viúvas e órfãs são criadas, respectivamente, por palavras sozinhas no fim de um parágrafo ou no início de uma coluna e devem ser evitadas, pois causam ruídos na textura das colunas de texto. Da mesma forma, deve-se ter cuidado com a correta aplicação de caracteres especiais.

A diagramação requer boas práticas e, muitas vezes, a observação dos padrões que cada editora define. Esse processo somente acaba depois da aplicação das revisões, que também demandam capricho e atenção especial.

QUESTÕES PARA REVISÃO

1. Leia as afirmativas sobre a escolha e a combinação de fontes e, em seguida, assinale a alternativa correta.

    I. As entrelinhas pequenas devem ser priorizadas, visto que o objetivo deve ser inserir o máximo de conteúdo possível numa página.

    II. A combinação de duas ou mais fontes num projeto pode ser feita somente por similaridade.

    III. Entre letras, *kerning* e *tracking* são expressões sinônimas.

a. Somente a afirmativa I está correta.
b. Somente a afirmativa II está correta.
c. As afirmativas I e II estão corretas.
d. As afirmativas I e III estão corretas.
e. Todas as afirmativas estão incorretas.

2. Sobre as definições de fontes para um projeto gráfico, assinale a alternativa que apresenta um raciocínio **incorreto**:

   a. Antes de definir a fonte de um livro de ciências exatas, por exemplo, deve-se confirmar que a fonte desejada dispõe de todos os caracteres especiais necessários.
   b. Livros infantis requerem fontes de desenho mais simples, de modo a não confundir crianças em fase de formação leitora.
   c. Fontes com desenho e espaçamento que comportem mais caracteres por linha são especialmente úteis em projetos com restrições de orçamento ou com grandes quantidades de texto.
   d. Existem fontes de desenho mais claro que consomem menos tinta para serem impressas, resultando em economia na produção em larga escala.
   e. A diagramação de livros deve sempre utilizar fontes serifadas.

3. Sobre recursos e boas práticas da diagramação, assinale a alternativa **incorreta**:

   a. O alinhamento justificado é considerado o mais agradável para leituras longas, porém não é indicado em certas situações, como no caso do uso de colunas muito estreitas.
   b. O recuo ou indentação é um bom recurso para marcar a hierarquia entre níveis diferentes do texto.
   c. Linhas viúvas e órfãs causam ruídos na leitura e devem ser eliminadas na diagramação.
   d. O espaço entre letras não pode nunca ser manipulado manualmente, somente definido automaticamente pelo *software*.
   e. A aplicação dos ajustes solicitados pela revisão faz parte da tarefa da diagramação.

4. Quais são alguns dos aspectos a serem observados no momento da escolha das fontes de um projeto gráfico?

5. Em algum ponto do processo, geralmente após a revisão de língua e antes do fechamento do arquivo, é recomendável que se faça uma revisão de design no livro diagramado. Cite alguns itens que podem ser confirmados nessa verificação.

QUESTÃO PARA REFLEXÃO

1. Todos ou quase todos os elementos expostos neste livro – linhas, pontos, tipografia, cor, imagem – dependem da visão. Porém, a tecnologia e as pautas de representatividade têm

promovido cada vez mais a inclusão de pessoas com deficiências visuais no mundo dos livros. Todos os editais de compras pelos governos, por exemplo, já incluem o fornecimento de arquivos para impressão em braile ou preparados para a leitura de tecnologias específicas, como o Digital Accessible Information System – Daisy (sistema de informação digital acessível).

Faça uma breve pesquisa para inteirar-se do assunto. Um bom ponto de partida pode ser o *site* da Fundação Dorina Nowill para Cegos (2021), referência na inclusão de pessoas com deficiência visual na sociedade.

Shutterstock

CAPÍTULO 6

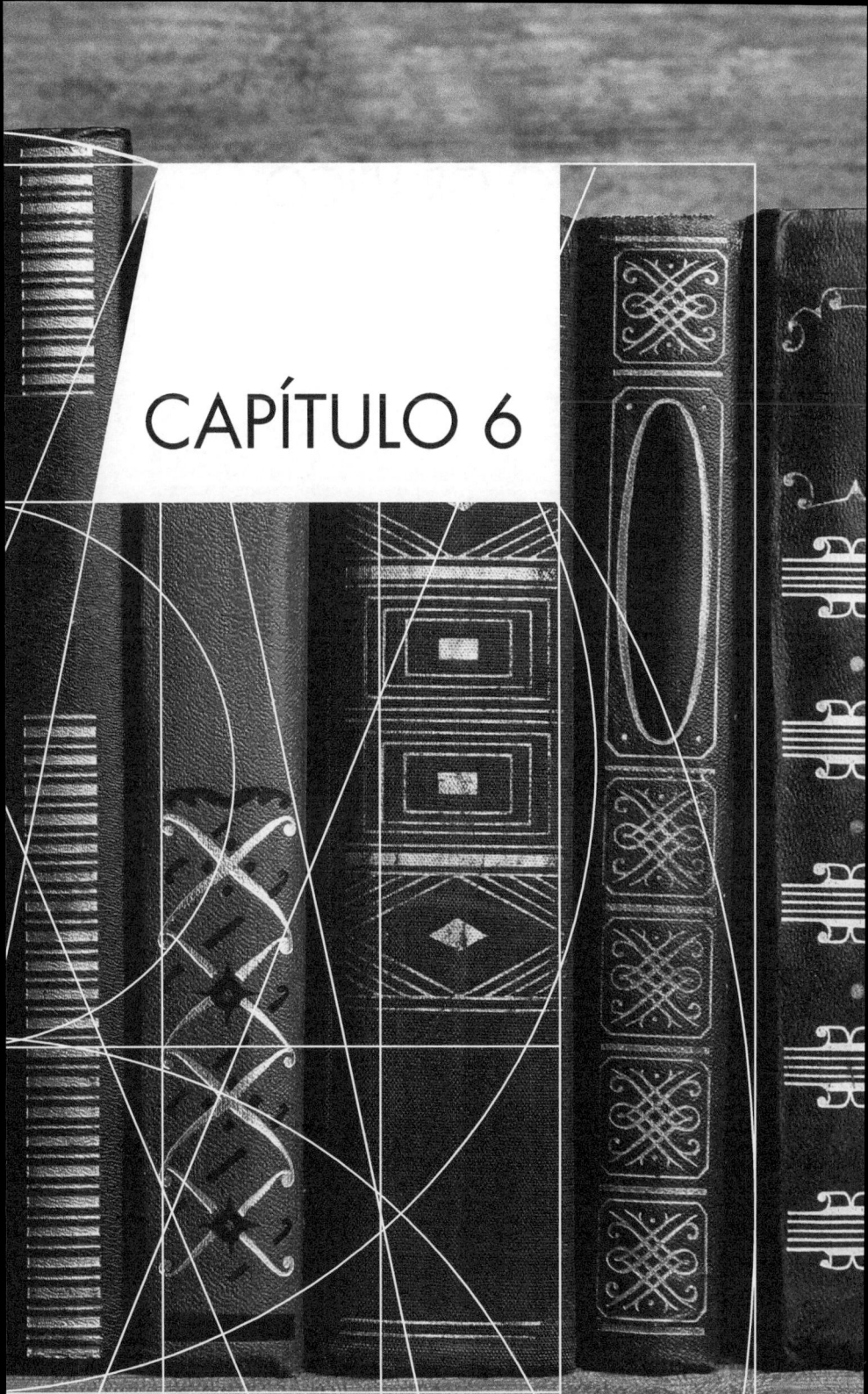

PROJETO GRÁFICO

CONTEÚDOS DO CAPÍTULO:
- Conceito de projeto gráfico.
- Partes de um livro.
- Decisões iniciais para o direcionamento do trabalho.
- Definição de formatos e papéis.
- Didáticos e paradidáticos.
- A atuação do designer no mundo editorial.

APÓS O ESTUDO DESTE CAPÍTULO, VOCÊ SERÁ CAPAZ DE:
1. conduzir o processo de criação de um projeto gráfico;
2. compreender o papel do designer na cadeia de produção do livro.

6.1 O que é o projeto gráfico?

Elementos visuais básicos, regras de composição, *grid* e práticas de diagramação – todos os conteúdos de que tratamos até aqui são amarrados no projeto gráfico, que é o conjunto de elementos, especificações e direcionamentos que definem todas as características visuais de uma peça de design.

Uma convenção do mundo editorial é que o projeto gráfico diz respeito ao que está dentro – o chamado *miolo* – do livro, e não à capa. É comum, aliás, que os designers de livros não desenhem as capas dos livros que projetam.

> Os designers estão para os livros assim como os arquitetos estão para os edifícios. Os designers escrevem especificações para fazer livros do mesmo modo que os arquitetos escrevem-nas para construir edifícios. Mesmo o detalhe mais aparentemente trivial precisa ser decidido, e são exatamente essas minúcias que tornam bem-sucedido um design. [...]
>
> As palavras do autor são o coração do design do livro. Para solucionar os problemas de design de uma obra, o designer deve saber ao mesmo tempo o que o autor está dizendo (o assunto do livro) e como ele está dizendo (as palavras que usa). (Hendel, 2006, p. 33)

O projeto editorial de um livro vai determinar, então, o formato do livro e o tipo de papel – no caso de impressos –, a tipografia e os estilos de diagramação, as cores, o *grid* das páginas, o desenho das aberturas, a linha visual e a inserção das ilustrações etc. que melhor sirvam para amplificar as palavras do autor.

A maior dificuldade nesse trabalho talvez seja decidir até onde criar. Livros são objetos, como vimos, que chegaram à forma atual depois de séculos de história, e certas convenções não podem ser ignoradas: o leitor espera, afinal, que o livro tenha um formato – mesmo os livros digitais, tão recentes e ainda em desenvolvimento, precisam atender a certas expectativas –, presume que as páginas devem se virar de determinada maneira ou que o texto vai seguir uma orientação específica. Na outra ponta, há o autor, cujo discurso deve prevalecer sobre o discurso do design.

É sem perder de vista esses dois pontos que o designer tem de encontrar o espaço para sua criação, para o design propriamente dito. Merle Armitage (1893-1975), ex-diretor do American Institute of Graphic Arts, fez boas comparações: "Está provado, um livro muito difícil de ler é inútil. Mas achar que a impressão deve servir apenas à função da legibilidade é o mesmo que dizer que a única função da roupa é cobrir a nudez, ou que o único uso da arquitetura é fornecer abrigo" (Armitage, citado por Martins Filho, 2008, p. 51).

O ideal, portanto, é buscar um equilíbrio entre a arte invisível e o protagonismo: o projeto gráfico deve ser um apoio – e um apoio valioso – para o discurso do autor e um facilitador para o leitor.

E, de fato, temos observado nos últimos anos um novo ânimo no design de livros. As editoras têm investido cada vez mais em edições bonitas e bem produzidas. As tecnologias para os livros digitais também têm se desenvolvido e encontrado e formado novos públicos. Do outro lado, os leitores têm dado respostas bastante entusiasmadas.

6.2 Anatomia do livro

Como vimos anteriormente, o livro é um objeto construído ao longo de séculos de invenções e aperfeiçoamentos – e, levando-se em conta os *e-books*, continua a ser inventado e aperfeiçoado. Surgiram, nesse longo percurso, nomenclaturas especiais para as partes que o compõem, cada uma com funções também específicas e possibilidades a serem exploradas no design, na impressão, no acabamento e no conteúdo.

- Capa e lombada – A **capa** aberta, depois de vincada e dobrada, divide-se em partes: a **primeira capa** é a frente do livro, enquanto a **quarta capa** (ou contracapa) é a parte de trás – importantíssimas quando se trata de convencer o leitor a levar o livro para casa. No verso da primeira capa (e do lado de dentro do livro) está a **segunda capa** e, no verso da quarta, a **terceira capa**, que normalmente não recebem conteúdo além de cores ou ilustrações ornamentais, podendo até mesmo – caso o orçamento seja curto – ser deixadas em branco. A **lombada** é a parte do livro que, na prateleira, ficará exposta e onde, pelo lado de dentro, será inserido o miolo. Quando se prolonga além do tamanho do miolo, a capa forma **orelhas**, abas que se dobram para dentro do livro. A orelha que sai da primeira capa é a **primeira orelha**, e a que sai da quarta capa, a **segunda orelha**; elas normalmente comportam a sinopse da obra e/ou dados sobre o autor. A capa pode ser envolvida por folhas independentes: a **sobrecapa** (que cobre toda a área da capa) e a **cinta** (somente uma faixa).

- Miolo – O **miolo** é formado por **cadernos**, resultantes da dobra das folhas impressas[1], unidos entre si – normalmente por cola ou costura – e fixados na parte de dentro da lombada. Quando se deseja um acabamento especial ou o livro é volumoso e pesado, podem ser coladas **folhas de guarda**, que reforçam a ligação entre a capa e o miolo. Na parte oposta à lombada, o miolo recebe o **corte dianteiro ou frontal** e, nas partes de cima e de baixo, os **cortes superior e inferior**[2].

Figura 6.1 – **Partes do livro impresso**

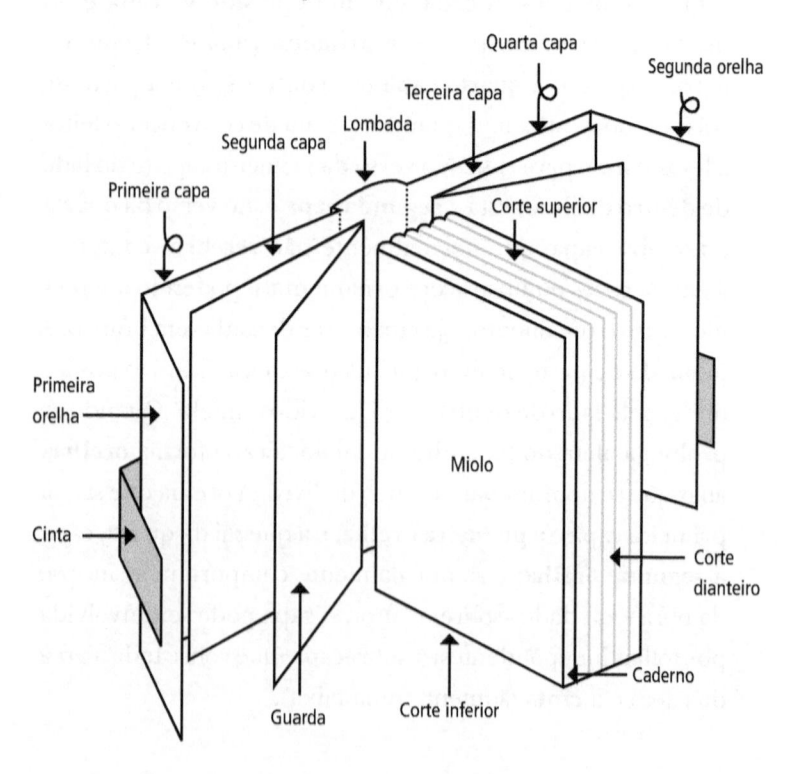

---

1 Esse processo será mais bem explicado na Subseção 6.4.1.
2 Além de apontadas na Figura 6.1, várias dessas denominações estão textualmente definidas no glossário.

6.2.1 Estrutura interna do livro

A Organização das Nações Unidas para a Educação, a Ciência e a Cultura (Unesco, 1964, tradução nossa) define o livro como uma "publicação não periódica impressa de no mínimo 49 páginas, além da capa, publicada no país e disponibilizada ao público" – publicações com 48 páginas ou menos podem ser classificadas como *folhetos*. O conteúdo das páginas do livro segue, normalmente, uma estrutura bem dividida, com uma série de elementos textuais ou seções que cumprem funções também bem definidas.

Ao criar um projeto gráfico, o designer deve estar atento à estrutura do original, bem como às necessidades de cada seção – um termo de glossário requer uma diagramação diferente da aplicada a uma referência bibliográfica, por exemplo.

De maneira simplificada, chamamos de *texto* o conteúdo principal, o texto em si da obra, enquanto as seções que o acompanham e complementam são denominadas *paratextos*. Quanto à estrutura da obra, é possível adotar a seguinte divisão:

- **Pré-textuais** – São os elementos que antecedem o texto principal, como a folha de rosto, a epígrafe, o prefácio e o sumário.
- **Textuais** – É o texto propriamente dito.
- **Pós-textuais** – É todo o conteúdo inserido depois do texto, como as considerações finais (ou conclusão), o glossário, as referências e os anexos[3].

3   Alguns desses termos também estão definidos no glossário.

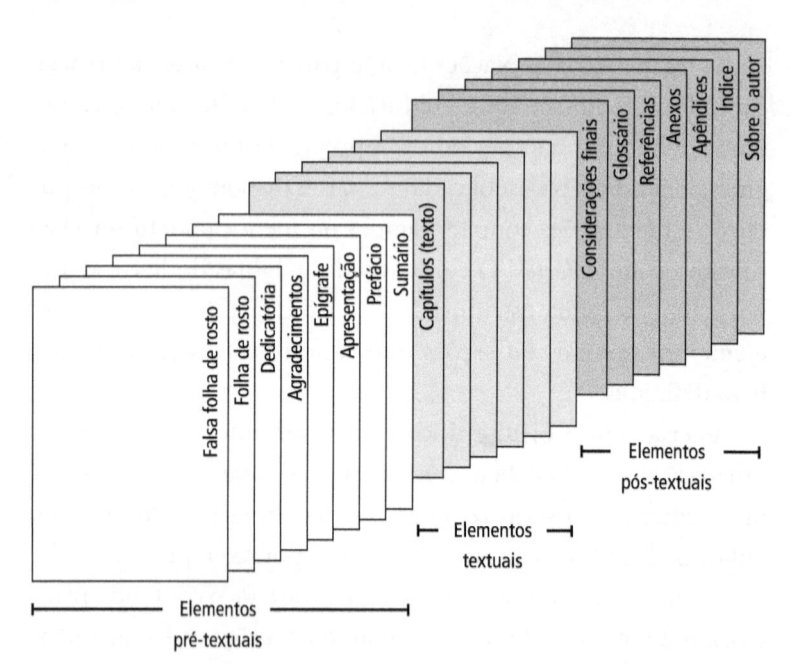

Figura 6.2 – **Organização dos elementos textuais do livro**

Elementos pré-textuais: Falsa folha de rosto, Folha de rosto, Dedicatória, Agradecimentos, Epígrafe, Apresentação, Prefácio, Sumário

Elementos textuais: Capítulos (texto)

Elementos pós-textuais: Considerações finais, Glossário, Referências, Anexos, Apêndices, Índice, Sobre o autor

Fonte: Scortecci; Perfetti, 2016, p. 2059.

A Figura 6.2 apresenta a sequência sugerida pela Associação Brasileira de Normas Técnicas (ABNT), porém cada editora pode adotar um padrão diferente – há casas editoriais que, por exemplo, trazem o sumário para antes da apresentação, por questões de praticidade. Também vale notar que o segmento da publicação influencia no rigor do atendimento dessas normas; dessa forma, obras literárias costumam ter mais liberdade do que as técnicas e as didáticas.

6.3 Direcionando o trabalho

Assim como na construção de uma casa, ao receber uma encomenda de projeto gráfico, o designer de livros tem como missão inicial definir sobre quais fundamentos erguerá sua obra. Depois de acumular alguma prática profissional, cada um acaba por desenvolver os próprios métodos. Contudo, é possível apontar algumas questões comumente consideradas nesse processo, como as apresentadas nos tópicos a seguir.

6.3.1 Briefing

Assim como em todas as atividades de criação, é interessante que o projeto gráfico comece com um *briefing*. O *briefing*, que não precisa ser necessariamente um documento organizado, é o conjunto de informações básicas que orientam o trabalho.

Tanto para atingir um bom resultado quanto para evitar desgastes no processo, é recomendável que o designer jamais inicie um projeto sem um bom número de informações sobre o material com que trabalhará e as expectativas que a editora – ou a pessoa que publicará o material – tem em relação ao projeto.

O ideal é que essas informações já sejam fornecidas por quem encomenda o projeto, seja o cliente, seja o editor responsável, seja o próprio autor. No entanto, frequentemente os pedidos são bastante vagos e, nesses casos, é o designer quem deve buscar aprofundar a discussão. De modo geral, alguns itens a serem investigados são os seguintes:

- Qual é o título da obra, mesmo que provisório? Do que ela trata? Quem a escreveu?
- Já existe uma amostra do texto que possa ser fornecida – ou até, se possível, o original completo?
- A quem a obra se destina? Quem serão os leitores?
- A editora ou o autor têm alguma preferência ou restrição quanto ao estilo a ser seguido? Desejam fornecer alguma referência?
- Haverá ilustrações ou fotos? Como e em que ponto do processo elas serão fornecidas?
- Já estão definidas as especificações do acabamento, como formato, papel e número de cores? Caso não, existem restrições ou preferências quanto a isso?
- No caso de impressos, quais serão a tiragem e o método de impressão? Para os materiais digitais, a quais dispositivos a edição se destina? Será necessário o desenvolvimento de programação?
- Quais serviços estão sendo encomendados? Projeto gráfico, diagramação, aplicação de revisão...?
- Qual é o prazo de execução?

É importante também, nesta primeira conversa, combinar como será o processo de trabalho – algumas vezes, serão as editoras que ditarão as regras; em outras, com sorte, o designer poderá seguir suas preferências –, se serão apresentadas alternativas ou prévias, quem fará as aprovações, como e para quem serão feitas as entregas e qual número de revisões está previsto.

IMPORTANTE!

Um questão importante a ser levada em conta é: O projeto será utilizado para uma única obra ou para toda uma coleção?

O projeto para uma obra única – ou até mesmo para dois ou três livros apenas – costuma ser mais simples, pois é preciso contemplar soluções somente para aquele caso. Quando se trata de uma coleção, por sua vez, é preciso prever muitas outras situações. Comumente, a editora ainda não terá todos os originais dos livros que comporão a coleção, então é necessário cobrir o máximo de situações que possam ocorrer. Isso, obviamente, rende bastante trabalho, interfere no prazo e, é importante dizer, impacta o orçamento.

Entretanto, e infelizmente, sendo realista, nem sempre é possível começar o processo com um *briefing* completo. Caso o designer seja um profissional independente, por exemplo, terá de primeiro apresentar um orçamento de seu trabalho para depois receber as informações, que são, muitas vezes, sigilosas. Uma solução para esses casos é fazer um "pré-briefing", com informações mais gerais. Depois de aprovado o orçamento, ele deverá reunir-se novamente com os clientes e, então, construir um *briefing* mais completo.

6.3.2 Tema

Depois do *briefing*, começa o processo de criação, o *design* em si. Projetar um livro é, antes de tudo, fazer escolhas – e aí entram todos os recursos e fundamentos dos quais tratamos até aqui: O *grid* terá uma ou duas colunas? Os títulos serão definidos por escala ou contraste? As entrelinhas serão mais ou menos altas?

Hendel (2006, p. 11) explica que "Os designers podem trilhar dois caminhos diferentes. Existem aqueles que julgam que o design do livro não deveria refletir uma época ou um local particulares e há aqueles que acham que deveria refletir o gosto contemporâneo".

Mais adiante, o autor complementa sua avaliação, indicando três abordagens principais:

1. uma tipografia tão neutra quanto possível, que não sugira nem época nem lugar
2. uma tipografia alusiva, que dê propositadamente o sabor de um tempo passado
3. uma tipografia nova, que apresente o texto de forma única. (Hendel, 2006, p. 12)

Embora Hendel se refira a obras de ficção com textos de época, podemos aplicar o raciocínio a qualquer tipo de obra. Assim, o projeto: 1) será neutro; 2) será temático e fará referências a algo ou algum período conhecido; ou 3) partirá para um caminho totalmente novo?

A estratégia de definir um tema visual, além de servir como um fio condutor para o designer, confere consistência às escolhas, pois todos os elementos do projeto gráfico (tipografia, cores, estilos de parágrafo, imagens etc.), assim como as ilustrações, estarão em harmonia, unidos por um mesmo conceito.

Repare, na Figura 6.3, como designer e ilustrador criaram uma dupla de páginas temáticas que opõem as duas personalidades da novela *O médico e o monstro*, de Robert Louis Stevenson: Dr. Jekyll, um médico respeitável, e Mr. Hyde, um criminoso violento.

Figura 6.3 – **O médico e o monstro,** de Robert Louis Stevenson, ilustrações de Adão Iturrusgarai e design de Giovanna Cianelli, 2020

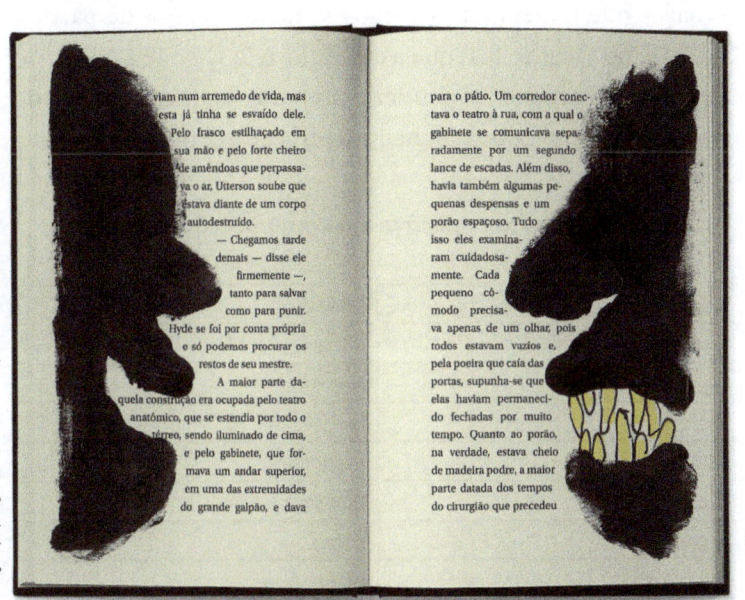

No caso de se optar pelo caminho temático, um bom método para delinear o tema é definir alguns conceitos-chave, palavras que resumam visualmente os conteúdos ou as sensações que se quer transmitir com o texto: claro ou escuro, simples ou rebuscado, singelo ou requintado etc. Caso o designer não encontre as próprias palavras-chave, pode recorrer a modelos predefinidos ou até fazer um *brainstorming* com outras pessoas.

Em sua *Sintaxe da linguagem visual*, por exemplo, Dondis (1997) lista várias estratégias da comunicação visual – técnicas que ajudam no controle e na transmissão de mensagens não verbais – que podem servir como excelentes pontos de partida. Observe, no Quadro 6.1, que a cada conceito se opõe a outro; determinar se o projeto vai pender mais para a coluna da esquerda ou da direita é uma boa maneira de traçar um norte.

Quadro 6.1 – **Alguns conceitos aplicáveis à comunicação visual**

Equilíbrio	Instabilidade
Simetria	Assimetria
Regularidade	Irregularidade
Simplicidade	Complexidade
Unidade	Fragmentação
Economia	Profusão
Minimalização	Exagero
Previsibilidade	Espontaneidade
Atividade	Estase
Sutileza	Ousadia
Neutralidade	Ênfase
Transparência	Opacidade
Estabilidade	Variação
Exatidão	Distorção
Planura	Profundidade
Singularidade	Justaposição
Sequencialidade	Acaso
Agudeza	Difusão
Repetição	Episodicidade

Fonte: Elaborado com base em Dondis, 1997, p. 141-159.

Vamos supor que uma designer, ao receber a encomenda de um projeto gráfico para o livro *Memórias póstumas de Brás Cubas*, de Machado de Assis, tenha desejado transmitir em seu projeto – por conta da época em que o livro foi escrito (a década de 1880) e das temáticas exploradas (a morte, as contradições da sociedade, os limites da razão etc.) – os seguintes aspectos: profusão, exagero, ousadia, distorção e justaposição. Podemos imaginar o resultado como o projeto apresentado na Figura 6.4.

Figura 6.4 – **Memórias póstumas de Brás Cubas, de Machado de Assis, design de Tereza Bettinardi, 2018**

Projeto gráfico de Tereza Bettinardi com ilustrações de Heloisa Etelvina para a edição de *Memórias póstumas de Brás Cubas* da Editora CARAMBAIA

CURIOSIDADE

Muitas vezes, os lançamentos no mercado editorial são pautados pelas efemérides, que são datas em que ocorreram ou em que se celebram fatos importantes. Boas ocasiões de lançamento são o aniversário do autor (mesmo que já falecido) ou da obra, uma homenagem ou prêmio ou o lançamento de um filme baseado na história contada.

Outra ocasião importante no calendário de lançamentos é a entrada da obra do autor em domínio público. No Brasil, a legislação – Lei n° 9.610, de 19 de fevereiro de 1998 (Brasil, 1998) – prevê que isso aconteça 70 anos depois da morte do autor. Tivemos, por exemplo, uma explosão de edições de *O pequeno príncipe* lançadas em 2015, quando se completaram 70 anos da morte de Antoine de Saint-Exupéry (1900-1944), assim como várias novas coleções de Monteiro Lobato (1882-1948) em 2019.

6.3.3 Páginas de abertura

Uma excelente oportunidade de dar o tom visual do livro é o momento em que se projetam as páginas de abertura (folhas de rosto, aberturas de capítulos). Elas costumam ser os pontos do projeto gráfico em que o designer tem maior liberdade, pois precisam atender a poucas regras e, como comportam poucas informações escritas, fornecem grandes áreas para a criação gráfica.

No exemplo mostrado na Figura 6.5, o designer criou folhas de rosto com cores vibrantes e letras pichadas para, possivelmente, fazer referência ao papel transgressor da personagem principal numa sociedade rigidamente controlada, tal como descrita na distopia *Nós*, de Ievguêni Zamiátin.

Figura 6.5 – **Nós**, de Ievguêni Zamiátin, design de Pedro Inoue, 2017

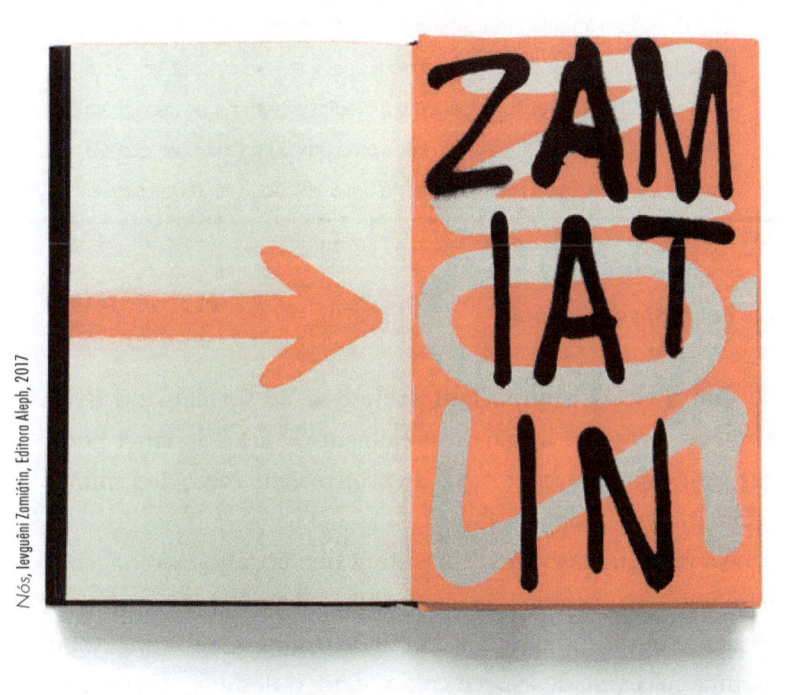

Nós, Ievguêni Zamiátin, Editora Aleph, 2017

CURIOSIDADE

O colecionismo é uma tendência bastante explorada pelo mercado editorial, e o design tem um papel central nela. Quanto mais bonito e bem produzido for um livro, mais desejo de ser possuído ele vai inspirar. Constantemente, vemos edições limitadas esgotadas rapidamente ou lançamentos em *crowdfunding* – a popular "vaquinha" *on-line* – que batem as metas em poucos dias.

Um caso interessante é o da Editora Aleph, de São Paulo (Aleph, 2021). A casa trabalha majoritariamente com títulos de ficção científica, aposta fortemente no design e, a cada tiragem, renova as capas de seus livros. Em 2014, a editora lançou um inédito programa de *recall*, em que ela recolhe do leitor o exemplar de uma edição antiga para que ele adquira com desconto um exemplar da nova edição, com a nova capa.

6.4 Formatos e papéis

Outra decisão importante refere-se ao formato do livro. Somente após a definição desse elemento é que o designer poderá traçar com segurança o *grid* do projeto, bem como determinar o tamanho do corpo da fonte.

Na maioria das vezes, é a editora que faz essa escolha, com base nos padrões com que ela trabalha em seu catálogo ou a coleção em que encaixará o livro. Ainda assim, sempre que notar alguma necessidade específica do texto, o designer pode apresentar sugestões.

Escolher um ou outro formato não deve ser uma decisão puramente visual. Devem ser considerados aspectos como:

- padrões da editora;
- aproveitamento de papel;
- tipo de impressão;
- conteúdo do livro;
- especificações de edital – no caso de o livro ser produzido para um programa do governo, por exemplo, as dimensões quase sempre são ditadas pelo edital.

Numa visita a uma livraria ou a uma biblioteca, podemos observar alguns padrões, em uma análise geral:

- Obras focadas em imagens, como livros de arte, fotografia ou design, frequentemente são impressas em grandes formatos, muitas vezes quadrados, e com acabamentos mais nobres, São os chamados *coffee table books* – "livros de mesa de centro", em tradução livre –, que acabam tornando-se objetos de decoração.
- Os materiais didáticos, que podem ter áreas para que o estudante escreva, costumam ficar entre o A4 (21 × 29,7 cm) e um formato ligeiramente maior do que os comerciais, algo em torno de 17 × 22 cm.
- A maioria dos livros comerciais, de literatura e não ficção, por sua vez, giram em torno do padrão A5 (14,8 × 21 cm), com formatos que variam entre 14 × 21 cm e 15 × 22 cm.
- Os *pocket books* (também chamados *edições de bolso*) se popularizaram na década de 1930 e conquistaram o mercado com seu formato pensado para caber no bolso de um casaco, em torno de 11 × 18 cm.
- Os livros infantis, por sua vez, variam bastante, incluindo desde os maiores formatos até os menores.

6.4.1 Cadernos e aproveitamento de papel

Para a impressão de livros, bem como de outros materiais gráficos, a maioria das impressoras *offset* – o processo de impressão mais utilizado para médias e grandes tiragens – trabalha com o que se chama no meio gráfico de *folha inteira*, de dimensões

66 × 96 cm. O aproveitamento de papel diz respeito à boa prática de calcular o formato do livro de modo a aproveitar ao máximo a superfície do papel, sem desperdiçar muito do material.

Na gráfica, sobre cada folha inteira são dispostas várias páginas, de acordo com a organização possibilitada pelo formato do livro. Impressa, a folha inteira de papel se tornará, então, um caderno, dividido em frações menores – as folhas do livro –, como apontado na Figura 6.6. Assim, por exemplo, uma divisão em 16 partes resulta em 16 páginas de cada lado do papel e, portanto, um caderno de 32 páginas. Os cadernos são dobrados, cortados e unidos em ordem para formar o miolo do livro, como demonstrado anteriormente na Figura 6.1.

Figura 6.6 – **Divisões possíveis da folha 66 × 96 cm**

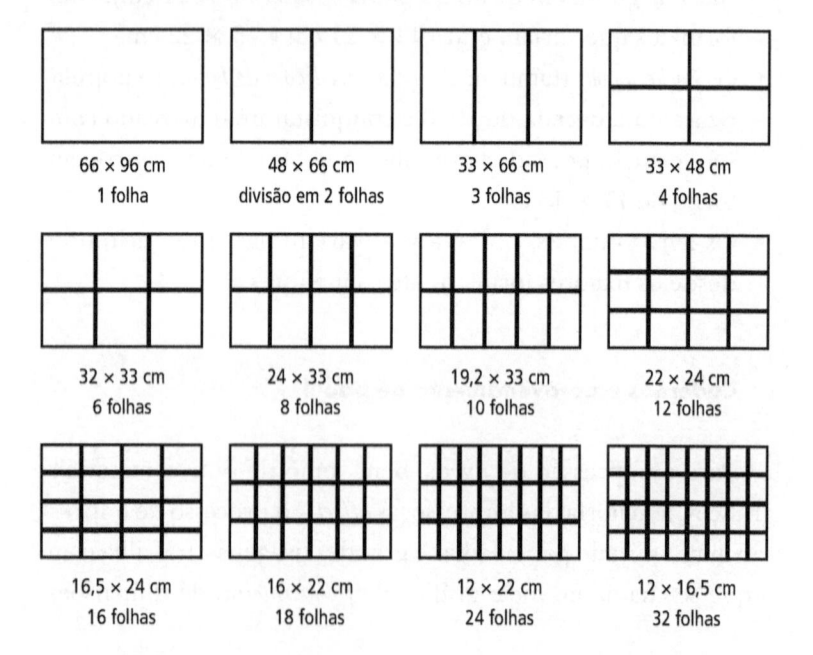

| 66 × 96 cm | 48 × 66 cm | 33 × 66 cm | 33 × 48 cm |
| 1 folha | divisão em 2 folhas | 3 folhas | 4 folhas |

| 32 × 33 cm | 24 × 33 cm | 19,2 × 33 cm | 22 × 24 cm |
| 6 folhas | 8 folhas | 10 folhas | 12 folhas |

| 16,5 × 24 cm | 16 × 22 cm | 12 × 22 cm | 12 × 16,5 cm |
| 16 folhas | 18 folhas | 24 folhas | 32 folhas |

Esse cálculo só será necessário no caso de um projeto exigir – e merecer – um formato especial de impressão, e o ideal é que, depois da definição das medidas pelo designer, o produtor gráfico ou alguém da equipe de atendimento da gráfica que produzirá o material confirme a viabilidade da produção. Vale observar que, na maioria das vezes, o designer de livros trabalha com formatos padronizados pelas editoras e já consagrados pelo mercado, sem a necessidade de se preocupar muito com isso.

O aproveitamento do papel é, obviamente, um aspecto que não afeta os materiais digitais, que têm exatamente nesse aspecto uma de suas grandes vantagens: pode-se criar um *e-book* – ou outro tipo de material digital – com quantas páginas forem necessárias. O único impacto de um *e-book* mais ou menos extenso é o tamanho do arquivo, o que, em tempos de conexões banda larga e dispositivos com cada vez mais capacidade de armazenamento, é um fator cada dia menos relevante.

PRESTE ATENÇÃO!

Até bem recentemente, a impressão de livros acontecia somente em gráficas de médio e grande porte, em máquinas *offset* com tiragens a partir de 500 ou 1.000 exemplares. Com isso, o custo de produção unitário fica mais reduzido e a editora consegue vender o livro a um preço mais competitivo ao consumidor final. Via de regra, quanto maior a tiragem, menor o custo/exemplar, pois, explicando-se de forma muito simplificada, os custos se diluem.

Todavia, com o desenvolvimento de novas tecnologias de impressão, as pequenas tiragens, nas chamadas *gráficas rápidas*, têm atingido um custo/exemplar cada vez mais competitivo. Muitas editoras pequenas têm optado por esse modelo de impressão, visto que não possuem capital para financiar uma grande tiragem inicial ou não dispõem de grandes espaços para estocar milhares de livros.

Nesses casos, as gráficas podem decidir trabalhar com outros formatos, como o padrão A3, o que dará outras possibilidades de divisão da folha que não as propostas na Figura 6.6. É imprescindível, portanto, saber qual será o tipo de impressão antes de determinar o aproveitamento do papel e o formato do projeto.

6.4.2 Escolha do papel

No caso de livros impressos, a escolha – ou, ao menos, a sugestão – do papel pode também ficar por conta do designer. Trata-se de uma questão que determina diretamente o custo de produção, portanto a editora é quem terá a palavra final. Sobre os tipos de papel, destacamos os seguintes aspectos:

- Papéis amarelados e foscos, com textura leve, são mais apropriados para longas sessões de leitura, porém distorcem as cores.
- Papéis brancos costumam ser mais baratos do que os amarelados e não distorcem as cores de imagens, contudo são menos confortáveis para a leitura.
- Papéis brancos e revestidos são indicados para livros de imagens, no entanto cansam mais os olhos.

No caso de livros didáticos, deve-se levar em conta que o aluno terá de escrever nas páginas para responder atividades ou fazer pequenas anotações durante o estudo. Assim, deve-se optar, sempre que possível, por papéis não revestidos – que são mais porosos e, logo, aceitam melhor que se escreva sobre eles. O *couché*, por exemplo, um dos papéis revestidos mais conhecidos, borra a escrita com caneta e, caso grafado a lápis, é difícil de ser apagado com uma borracha.

PRESTE ATENÇÃO!

O sistema Pantone é universalmente utilizado na definição de cores especiais – quando, por exemplo, se deseja imprimir o material em uma só cor, que não seja ciano, magenta, amarelo ou preto (CMYK), ou quando se quer obter cores que o processo CMYK não consegue reproduzir, como fluorescentes, metálicas ou brilhantes. Utilizar um código dessa escala, embora aumente o custo de impressão, é garantia de fidelidade na reprodução. Causa dúvida, porém, qual das escalas disponíveis nos *softwares* deve ser utilizada: Pantone U ou C.

O Pantone C vem de *coated* (revestido) e é a escala adotada na impressão sobre papéis como o *couché* e o duplex. Já o Pantone U é utilizado para papéis *uncoated* (não revestidos), como o pólen, o *offset* e o *kraft*.

6.5 Materiais didáticos e paradidáticos

Não é exagero dizer que uma editora de materiais didáticos é um mundo à parte em relação às editoras comuns. Tudo nos materiais didáticos é relativamente mais complexo, desde a autoria até a logística, tanto pela quantidade de profissionais envolvidos quanto pelas dificuldades vivenciadas na produção.

As responsabilidades de todos os envolvidos são grandes, pois, além de esses materiais estarem associados à formação de estudantes e profissionais, as tiragens atingem a casa das dezenas ou centenas de milhares de exemplares.

O projeto gráfico para materiais didáticos é, por consequência, mais complexo e requer uma análise mais rigorosa de todos os elementos.

Existe no mercado a diferenciação entre materiais didáticos e paradidáticos. Embora a diferença seja de ordem muito mais pedagógica e comercial, é algo que pode refletir no trabalho do designer.

Os **livros didáticos** são, de modo geral, os utilizados em sala de aula. São muito importantes porque, muitas vezes, serão os únicos recursos disponíveis para o estudo na escola – muitas escolas brasileiras, infelizmente, não têm televisores, computadores ou outros livros. Os livros didáticos abordam os conteúdos curriculares das disciplinas, orientam os professores na preparação e na condução de aulas e apresentam atividades para os alunos. O projeto gráfico deve, portanto, prever todas essas funções. Em sua produção, a preocupação está quase que totalmente voltada para o conteúdo, e a aparência fica em segundo plano, somente como suporte. É preciso considerar também que existem textos e elementos – e necessidades de projeto gráfico – diferentes para o livro do aluno e para o livro do professor.

Já os **livros paradidáticos** – aos quais podemos nos referir também como *livros informativos* – tratam de assuntos mais específicos e complementares aos didáticos. São geralmente livros temáticos e permitem mais flexibilidade tanto na escrita quanto no design e na ilustração. Na maioria das vezes, são menores e mais bem-acabados do que os didáticos. Mesmo assim, a preocupação com o conteúdo ainda é grande.

6.5.1 Idade escolar

Com vimos no Capítulo 1, antes das editoras pioneiras surgidas na era vitoriana, os livros para crianças eram, além de poucos em número, tratados como os livros para adultos. Com o desenvolvimento das noções de infância e adolescência e das práticas pedagógicas, os livros tornaram-se também mais adequados ao uso na educação.

O ponto central no design de livros didáticos é a faixa etária dos estudantes que utilizarão o material: o designer jamais deve começar um projeto de didático sem saber quais são os alunos que o consumirão. Para isso, é preciso ter em mente, em termos gerais, a divisão do ensino brasileiro:

- educação infantil (EI) – crianças até 5-6 anos;
- ensino fundamental 1 (EF1) – do 1º ao 5º ano – crianças até 10-11 anos;
- ensino fundamental (EF2) – do 6º ao 9º ano – alunos até 14-15 anos;
- ensino médio (EM) – adolescentes de 15 a 18 anos;
- educação superior – jovens e adultos acima de 17-18 anos.

Os projetos gráficos de coleções de materiais didáticos são comumente organizados de acordo esses níveis: um projeto para os livros de EI, outro para os de EF1 e assim por diante.

Em paralelo a essa trajetória no ensino, o leitor passa, ao longo de sua formação, por estágios definidos pelo seu grau de domínio da leitura (Costa, 2013), assim organizados, de forma resumida:

- pré-leitor – até 6 anos de idade;
- leitor iniciante – 6 a 7 anos;
- leitor em processo – 8 a 9 anos;
- leitor fluente – 10 a 11 anos;
- leitor crítico – a partir de 12 anos.

Para aprofundar um pouco mais o estudo desses recortes, cabe considerar que Jean Piaget (1896-1980), um dos grandes pensadores da pedagogia, identifica quatro períodos no processo evolutivo da infância até a idade adulta (Piaget, 2011):

1. **Fase sensório-motora (até 2 anos)** – O ideal é apresentar livros sensoriais, que estimulem os sentidos, a coordenação motora e a percepção de mundo. A criança precisa entender que o mundo exterior existe.
2. **Fase pré-operacional (2 a 7 anos)** – O pensamento é egocêntrico, ou seja, a criança pensa em si mesma como centro do mundo, então é preciso desenvolver a imaginação e a memória. A sugestão é que ela tenha contato com livros com ilustrações e símbolos que trabalhem a imaginação.
3. **Estágio operacional concreto (7 a 11 anos)** – O pensamento deixa de ser egocêntrico e a criança passa a ser mais sensível ao ambiente externo. Desse modo, os livros devem trabalhar com a empatia e a resolução de problemas.

4. **Estágio operacional formal (a partir de 11 anos)** – Nesse estágio, que dura até a idade adulta, o adolescente já ultrapassou as fases anteriores e está em transição para o mundo adulto.

Em todos os períodos, vale notar que as crianças são profundamente visuais, reagem a estímulos desde as primeiras idades e, mais adiante, valorizam muito a expressão visual, produzindo e colorindo desenhos. Os livros pensados para elas devem ser, acima de tudo, "experiências de olhar":

> Estes livros (feitos para crianças pequenas, mas que podem encantar aos de qualquer idade) são sobretudo experiências de olhar... De um olhar múltiplo, pois se vê com os olhos do autor e do olhador/leitor, ambos enxergando o mundo e as personagens de modo diferente, conforme percebem esse mundo... (Abramovich, 1997, p. 33)

É importante ter em mente também que, em certos estágios, crianças podem diferenciar "coisas de menina" e "coisas de menino" e tendem a rejeitar certas cores, traços e estilos de ilustração – além de imagens que representem brincadeiras, profissões e papéis sociais. O desafio e a responsabilidade do designer aqui é saber a medida: não ceder aos estereótipos e inserir elementos suficientes para educar as crianças na superação desses preconceitos.

IMPORTANTE!

No Brasil, os governos – federal, estadual e municipal – são os maiores compradores de livros, por meio de programas que acontecem periodicamente, como o Programa Nacional do Livro Didático – PNLD (Brasil, 2021).

Quando se assume o design de uma obra candidata a um desses programas, é muito importante ler o edital com atenção. Há sempre uma série de exigências quanto à organização – como a inserção da ficha catalográfica numa determinada página –, ao acabamento – formatos e tipos papéis – e ao design – por exemplo, a aplicação de selos nas capas e folhas de rosto.

Projetos que não atendam a um desses quesitos são eliminados e não chegam sequer a ter o conteúdo analisado.

6.5.2 Camadas e mais camadas de informação

Uma característica que torna desafiador o trabalho com materiais didáticos é a quantidade e a diversidade de informações que eles carregam. A organização delas de modo que se constitua uma sequência didática é tarefa do chamado *design instrucional*, um campo a meio caminho entre a edição e o design propriamente dito.

O projeto gráfico deve prever, por exemplo, que um único volume – e, às vezes, uma única página – precisará dispor de estilos para:

- os parágrafos propriamente ditos;
- atividades;
- títulos de pesos maiores ou menores;
- boxes;
- seções;
- glossários;

- ícones;
- imagens (fotos e ilustrações);
- legendas;
- textos explicativos;
- créditos;
- notas de rodapé;
- tabelas e esquemas;
- mapas;
- orientações e gabaritos para o professor.

Figura 6.7 – **Páginas de livro didático**

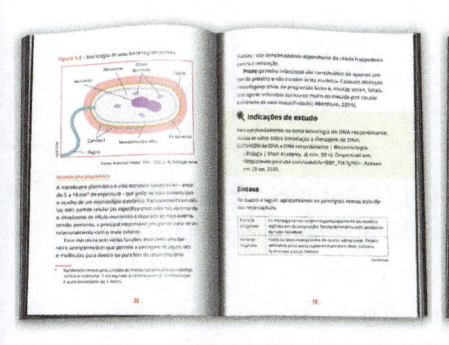

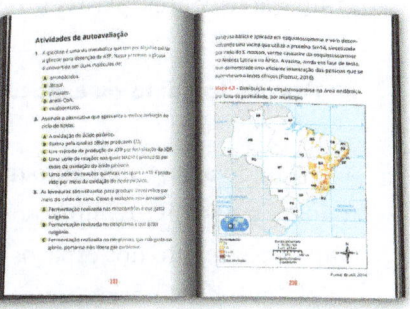

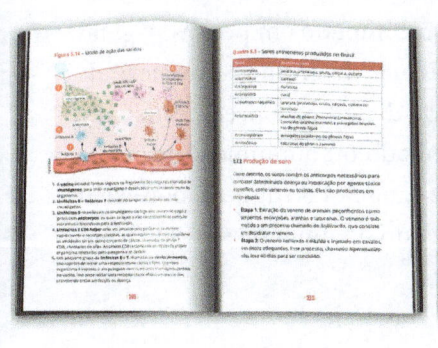

Um original de livro didático é comumente permeado de marcações, cujo padrão varia de editora para editora – por exemplo, textos em preto são os parágrafos; em vermelho, indicações para a diagramação; em roxo, orientações para a ilustração; em verde, pedidos para a iconografia; em azul, gabaritos do professor.

Embora muitos desses pedidos não digam respeito ao design em si – como o desenho de mapas, que cabe ao setor de cartografia –, o designer deve, na fase de projeto, analisar a natureza de todos eles, o impacto que terão no projeto e a forma como poderão ser inseridos em harmonia na página. Somente assim é possível prever todas as situações que se encontrarão na diagramação e contemplá-las no projeto gráfico.

6.5.3 Aproveitamento de espaço

Além do aproveitamento de papel, os didáticos, assim como todos os outros livros impressos, enfrentam outra questão crítica: o aproveitamento dos espaços nas páginas.

Na fase de autoria – que, nos livros didáticos, tem prazos muito curtos –, os autores e os editores se deparam com uma grande dificuldade: inserir muito conteúdo em poucas páginas. Nos materiais que integram sistemas de ensino, o número de páginas de cada volume e de cada disciplina é predeterminado e, portanto, não pode ser aumentado ou diminuído durante o processo. Com isso, um autor de Língua Portuguesa, por exemplo, precisa colocar todo o conteúdo de um bimestre letivo em, digamos, 30 páginas.

Isso é algo que acontece também em jornais e revistas, publicações em que diagramação e editorias têm de, rapidamente, resolver problemas de estouro – quando há mais conteúdo do que a página comporta – e de buracos – quando há menos conteúdo do que o necessário para preencher a página (Figura 6.8).

Figura 6.8 – **Estouro (1) e buraco (2)**

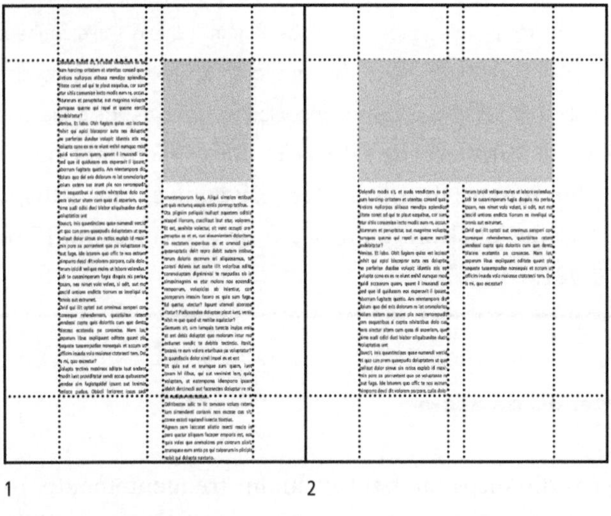

A diagramação pode ajudar a resolver algumas dessas situações lançando mão de recursos como manipular a área da mancha gráfica, aumentar ou diminuir as imagens e regular a tipografia para que, por exemplo, uma linha acomode mais ou menos caracteres. Mas, claro, esses recursos só conseguem resolver os problemas até certo ponto, seja porque o projeto gráfico começa a ser distorcido, seja porque a falta ou a sobra de conteúdo é grande. Desse ponto em diante, é preciso manter o diálogo amigável e a cooperação com os demais setores editoriais para que se encontre a melhor solução para cada caso.

PARA SABER MAIS

O conteúdo dos livros didáticos de EI, EF e EM no Brasil são ditados pela Base Nacional Comum Curricular (BNCC). A BNCC apresenta principalmente orientações didáticas. Porém, é interessante conhecer o documento de modo geral para inteirar-se das expectativas quanto aos materiais didáticos e identificar pontos em que o design pode atuar.

BRASIL. Ministério da Educação. **Base Nacional Comum Curricular**. Brasília, 2018. Disponível em: <http://basenacionalcomum.mec.gov.br/>. Acesso em: 17 set. 2021.

6.5.4 Materiais de apoio

Livros didáticos também incluem, frequentemente, os chamados *materiais de apoio*. Trata-se, na maioria dos casos, de folhas encartadas no final dos volumes com conteúdos ou atividades que não tiveram espaço dentro do livro ou precisam de acabamento diferente, como papel mais espesso para serem recortadas e montadas.

Esses materiais requerem um conhecimento extra de produção gráfica para serem produzidos, pois podem envolver acabamentos especiais, como picotes, facas e adesivos. Muitas vezes, os autores solicitam que sejam elaborados, por exemplo, quebra-cabeças ou jogos de recortar e colar, verdadeiros desafios para o projeto.

Os materiais de apoio também podem ser CDs, DVDs, *cards*, livretos ou folhas avulsas. Nesses casos, pode ser tarefa do designer, além de criá-los, projetar abas e bolsos para inseri-los junto dos livros.

6.5.5 Escolha de imagens

Muitas vezes, fica a cargo do designer ou editor de arte a escolha de imagens ou a orientação para os ilustradores. O primeiro critério, logicamente, consiste na beleza e nas qualidades visuais das fotos e das ilustrações.

Nos livros didáticos, entretanto, tudo deve comunicar conteúdo, e comunicar corretamente. É preciso, para tanto, manter critérios rigorosos, observar orientações pedagógicas e, sempre que possível, submeter as imagens à aprovação dos editores.

Outro fator a ser levado em conta é a representatividade. A maior parte dos bancos de imagens são norte-americanos, então o designer deve estar atento aos modelos nelas presentes, quase sempre pessoas brancas, o que não reflete a diversidade do povo brasileiro. O Brasil é também um país continental e com costumes e paisagens muito diversos; assim, é importante expandir o olhar e retratar regiões diferentes daquela em que se vive.

A mesma consciência no uso de imagens deve ser aguçada em relação às demais pautas de cunho social, de modo a evitar abordagens equivocadas quanto a gênero – quando, por exemplo, se representam apenas homens no exercício de certas profissões –, idade – como ocorre num livro em que somente se veem idosos de aparência frágil – e diversos outros temas que podem envolver prejulgamentos.

É questão de responsabilidade social do design que, ainda mais num livro didático, sejam retratadas, sem estereótipos, pessoas de diferentes gêneros, idades, características físicas, etnias, condições sociais e necessidades especiais.

Como alerta Abramovich (1997, p. 40, grifo do original), "O resultado visual até pode ser bonito (e é, muitas e muitas vezes), mas onde vamos parar em termos de compromissos transmitidos? **Afinal, preconceitos não se passam apenas através de palavras, mas também – e muito!! – através de imagens**".

6.6 O designer no mundo editorial

Pensemos neste livro que você lê agora – ele é fruto de uma longa cadeia. Primeiramente, ele foi encomendado, escrito, avaliado e editado. Foi, então, para as mãos de designers, que criaram seu projeto, diagramaram seu texto e lhe deram uma capa; enquanto isso, as imagens foram analisadas e autorizadas. Em seguida, foi encaminhado novamente para ser revisado e ter todos os seus detalhes conferidos. Depois de aprovado, seus arquivos foram preparados e impressos, suas páginas foram encadernadas e montadas como um livro para, enfim, ser distribuído e chegar até você. Os departamentos administrativo, financeiro e jurídico da editora também acompanharam todo esse percurso e resolveram as respectivas questões implicadas nessa publicação. E não nos enganemos pensando que os livros digitais talvez tenham uma cadeia produtiva muito menor do que essa, porque na produção deles são excluídas somente as fases de impressão e acabamento.

Essa descrição serve para lembrar que o projeto gráfico é parte de um projeto ainda maior. O designer, portanto, tem de lidar, em seu trabalho, com aspectos determinados por todas essas fases. Ainda que não trate diretamente com cada um desses profissionais, o trabalho deles influencia no projeto gráfico – somente se pode trabalhar com cores especiais no miolo do livro, por exemplo, se o setor financeiro julgar viável ou, ainda, de nada adianta inserir certas imagens de terceiros sem antes consultar o jurídico.

Os materiais didáticos são ainda mais complexos quanto a esse aspecto, pois há muito mais pessoas envolvidas. Diferentemente de publicações de outros ramos, em que eventualmente o designer pode ter de assumir todas as atribuições da criação – capa, projeto gráfico, diagramação, ilustração –, nas editoras de materiais didáticos, é muito mais comum a divisão especializada das tarefas, distribuídas entre editor de arte, projetista, capista, diagramador, ilustrador, cartógrafo e iconógrafo.

Ser designer de livros é, enfim, materializar o trabalho de muitas mãos em um produto visual. A responsabilidade não é pequena – mas há o alívio de dividi-la com tantos colegas.

6.6.1 **Ferramentas de trabalho**

Uma vez que, nos capítulos anteriores, abordamos os conhecimentos necessários para a criação de projetos de livros, vale tratarmos brevemente das ferramentas de que o designer se utiliza em seu trabalho.

Obviamente, o processo hoje é totalmente digital – ainda que o designer crie elementos à mão, eles terão de ser digitalizados –, então tudo começa no computador. Convém ter por perto também uma impressora, para fazer testes de legibilidade. No caso de trabalhos exclusivamente digitais, isso não fará tanto sentido, mas, para eles, é interessante dispor dos dispositivos em que o material será exibido – *smartphone*, *tablet* ou *e-reader*.

Quanto aos *softwares*, já há alguns anos a Adobe dominou o mercado e o inDesign tornou-se o *software* para diagramação por excelência. O QuarkXPress também é bastante utilizado, especialmente no exterior. O Office é o *software* preferido para autoria e edição – o designer provavelmente receberá os originais de texto em Word. Alguns livros, em particular os didáticos e os técnicos da área de ciências exatas, contêm fórmulas complexas, e o MathType é o *software* mais comum para construí-las.

Caso o designer trabalhe em uma editora, a empresa lhe fornecerá todo o necessário. Já no caso de trabalho autônomo – os *freelances* –, é sempre aconselhável ter versões legalizadas dos *softwares*. Além da óbvia questão ética, programas piratas podem apresentar restrições em algumas funcionalidades, como o fato de se poder trabalhar somente *offline* para não serem automaticamente atualizados. Ademais, tendem a ter muito mais problemas, o que pode corromper um arquivo e pôr a perder o trabalho de dias. Já no caso de ocorrer algum problema com um *software* licenciado, as empresas oferecem suporte especializado que poderá solucionar o problema.

A maior parte dos *softwares* hoje disponibiliza a opção de se fazer sua assinatura, paga mensalmente. Caso o designer seja *freelancer*, o custo deve ser diluído nos orçamentos. Ao orçar um novo projeto, o profissional deve levar em conta não somente o que efetivamente produzirá, mas também tudo o que necessita para produzir.

Da mesma forma, é indicado manter a assinatura de algum serviço de armazenamento em nuvem – Dropbox, Google Drive, OneDrive etc. Além de guardar seguros e atualizados os arquivos de todos os trabalhos, o designer também terá um local para compartilhar as entregas para seus clientes e parceiros. As entregas hoje são todas digitais e é embaraçoso compartilhar arquivos num serviço que coloque em risco a integridade dos arquivos ou exponha *banners* de publicidade que, digamos, podem não ser muito apropriados. Outra vantagem da assinatura paga sobre a grátis é que, além de mais espaço, o usuário conta com suporte caso tenha de restaurar algum arquivo perdido.

Por fim, não nos esqueçamos do item primordial para a criação de bons projetos de livros: os próprios livros. É preciso consumi-los, conhecê-los e, sempre que possível, cercar-se deles.

PARA SABER MAIS

O design do livro, de Richard Hendel, é uma excelente referência para refletir sobre projetos gráficos – obras que tratem especificamente de projeto gráfico de livros são relativamente difíceis de encontrar. A segunda parte da obra, especialmente, tem relatos do próprio autor e de outros designers editoriais sobre a criação de projetos gráficos e as decisões tomadas em cada processo. A Ateliê Editorial, aliás, tem uma coleção intitulada *Artes do livro*, e todos os títulos enfocam assuntos relacionados a essa área.

HENDEL, R. **O design do livro**. 2. ed. São Paulo: Ateliê, 2006.

SÍNTESE

O projeto gráfico engloba todos os conhecimentos e as tarefas tratados nos capítulos anteriores – composição, *layout*, *grid*, diagramação, além de conhecimentos históricos e gerais. Tornou-se comum no meio editorial que o projeto abranja somente questões relacionadas ao miolo do livro, considerando-se a capa como um produto de design à parte.

O designer de livros deve começar o trabalho com um *briefing* que defina as especificações e expectativas da encomenda. A seguir, começa o processo de criação, que é particular de cada profissional, com base em pistas ou temas que guiem as decisões, tendo como missão principal servir às palavras do autor.

O formato do livro impresso ou da tela digital segue, no geral, alguns padrões que são adotados na maioria das publicações. A editora é quem tem a palavra final, mas o designer pode apresentar sugestões, caso identifique a necessidade ou oportunidade de utilizar um formato especial. Os livros impressos passam necessariamente pela questão de aproveitamento de papel, que deve ser otimizado para que não haja desperdício de recursos.

O projeto de livros didáticos e paradidáticos é mais complexo do que os de obras de interesse geral, por exemplo. Os conteúdos são elaborados por uma cadeia de muitos profissionais além do autor, e cada página tem muitas e variadas informações para serem diagramadas. Pela responsabilidade envolvida, o rigor é maior em todas as etapas do trabalho. Desenvolver projetos de didáticos também requer um conhecimento geral das idades escolares e das características de cada faixa etária.

Por fim, o designer editorial é parte de um longo processo e relaciona-se com outros profissionais. Deve, em todas as situações, prezar pelo bom relacionamento e pela excelência nos serviços prestados e, antes e acima de tudo, buscar conhecer os livros.

QUESTÕES PARA REVISÃO

1. Leia as afirmativas sobre a criação de projetos gráficos e, em seguida, assinale a alternativa correta.

    I. O termo *projeto gráfico* comumente diz respeito somente ao miolo do livro, e não à capa.
    II. O designer de livros deve se orientar somente pelo *briefing* e não precisa ler os originais, já que o trabalho é puramente visual.

III. *E-books*, como serão exibidos em dispositivos que possibilitam a personalização da exibição, não precisam de projeto gráfico.

a. Somente a afirmativa I está correta.
b. Somente a afirmativa II está correta.
c. As afirmativas I e II estão corretas.
d. As afirmativas I e III estão corretas.
e. Todas as afirmativas estão corretas.

2. Quanto aos impressos, há uma série de decisões de produção gráfica referentes ao tipo e formato de papel que devem ser consideradas pelo designer ao projetar um livro. Assinale a alternativa que apresenta um raciocínio correto:

   a. A decisão quanto às dimensões finais do livro é de responsabilidade unicamente do designer, de acordo com o projeto gráfico que ele deseja criar.
   b. Papéis revestidos não são indicados para impressão de livros, pois são muito brilhantes e atrapalham a leitura.
   c. O designer deve ter em mente um bom aproveitamento da folha de papel na gráfica, para não elevar desnecessariamente o orçamento de impressão.
   d. Papéis brancos são os mais confortáveis para longas leituras, e papéis amarelados devem ser evitados.
   e. O sistema Pantone não deve ser aplicado em papéis não revestidos.

3. Para a organização visual dos conteúdos – que não são poucos nem pouco variados – num livro didático, o designer pode lançar mão de várias estratégias no projeto gráfico e na diagramação, entre as quais **não** se inclui:

   a. utilizar diferentes cores, pesos e corpos de fontes.
   b. fazer pequenos cortes ou alterações nos textos, caso não se encaixem bem no projeto gráfico.
   c. variar no tamanho e na posição das imagens, bem como na disposição dos textos ao redor delas.
   d. utilizar fundos de cores e texturas diferentes em boxes ou até em páginas inteiras.
   e. sugerir o uso de páginas duplas desdobráveis em casos especiais e se a produção gráfica permitir.

4. O *briefing* é uma ferramenta crucial para nortear a etapa de projeto gráfico. Cite algumas questões a serem feitas pelo designer para obter as informações de que ele necessita para seguir com segurança em seu trabalho de criação.

5. O que são buracos e estouros e como o designer pode atuar para tentar resolvê-los na diagramação?

QUESTÃO PARA REFLEXÃO

1. Como última reflexão, leve em conta o que foi exposto neste livro – desde os elementos fundamentais que facilitam ou dificultam a leitura, passando pelas decisões de design que

barateiam ou encarecem um projeto, até as questões de mercado e posicionamento profissional –, além de sua própria observação dos fatos atuais para pensar na seguinte pergunta: Como o design pode, no Brasil, contribuir com a educação? É uma pergunta curta, mas uma questão nada pequena.

CONSIDERAÇÕES FINAIS

Em sua obra *O design do livro*, Richard Hendel (2006, p. 30) afirma que um título mais adequado para o livro seria *Depende*. De fato, *depende* é um excelente resumo para tudo o que abordamos aqui.

Todos os fundamentos do design e das artes visuais que aplicamos no design de livros são profundamente subjetivos. Não raramente, utilizamos o termo *sugerir* em vez de *determinar*: "o azul sugere harmonia", "entrelinhas extras sugerem quebras", "alinhamento sugere ordem".

Mas, ao concluirmos com esse pensamento, não esperamos que o *depende* de Hendel invalide nossos estudos. Muito pelo contrário, a intenção é que você se sinta motivado a procurar soluções criativas e inteligentes, a orquestrar os elementos de sua maneira particular. O mercado do livro, afinal, está sempre – e há séculos – se reinventando.

Talvez você tenha percebido que este livro não tinha como objetivo ser um manual de uso de *softwares*, e sim apresentar conceitos fundamentais e reflexões que podem guiar o trabalho de criação. Apesar do "depende", esses conceitos são atemporais, já guiaram toda uma longa linhagem de designers editoriais e, certamente, continuarão sendo a linha-guia no que mais vier pela frente. Se forem dominados, os *softwares* terão o papel que realmente devem ter: o de simples ferramentas.

Devemos enfatizar, por fim, que, se você deseja seguir no estudo e na atividade do design de livros, antes de tudo, consuma livros. Leia muito, mas também manuseie, cheire, olhe os livros bem de perto e mais de longe, cerque-se deles, visite-os nas bibliotecas e nas livrarias. Existe aquela antiga máxima de que só podemos falar do que conhecemos; de fato, os melhores projetos gráficos só poderão ser pensados por amigas e amigos dos livros. Ainda que já tenham sido projetados, desenhados e publicados milhões desses objetos maravilhosos, novas e boas ideias nunca faltarão. (Na verdade, às vezes faltarão, mas, nesse caso, recorra a outros bons amigos: café, passeios e conversas.)

Agradeço por sua companhia nestas páginas – e pela sua paciência com este último discurso meio sentimental – e desejo a você, minha colega, meu colega, muitas alegrias em sua jornada.

GLOSSÁRIO

1 × 1 (2 × 1, 2 × 2 e sucessivamente) – Notação que diz respeito ao número de cores utilizadas na impressão da frente e do verso do papel. A notação 1 × 1 refere-se, portanto, à impressão de uma cor na frente e uma no verso, enquanto 4 × 0, por exemplo, são quatro cores na frente e nenhuma no verso (que é deixado em branco).

A4 (ou A5, A6 etc.) – Padrão internacional de tamanhos de papel criado pelo Deutsches Institut für Normung (Instituto Alemão de Padronização) – por isso conhecido como *formato DIN* –, em que cada formato tem a metade do anterior. Parte-se do A0, que tem 841 × 1.189 mm. O A4, por exemplo, tem 297 × 210 mm; o A5, 148 × 210 mm; o A6, 105 × 148 mm, e assim sucessivamente até o A12.

Acabamento – Última etapa da produção de um material, após a impressão. Inclui aplicação de verniz, dobra, refile, encadernação etc.

Algarismos de texto – Algarismos que variam de altura, contando com ascendentes e descendentes. Costumam harmonizar bem com versaletes. Também chamados de *algarismos antigos* ou *elzevirianos* (Bringhurst, 2005).

Algarismos de título – Algarismos que são uniformes na altura e ocupam, todos, da linha de base até a linha de ascendentes (como os caracteres versais).

Altura x – Distância entre a linha de base e a linha média dos caracteres; a altura das letras minúsculas sem contar ascendentes ou descendentes. Por convenção, utiliza-se a letra "x" como padrão de medida.

Ascendente – Parte do caractere que sobe acima da altura x (ou da linha média), como na letra "d".

Bicromia – Impressão com duas cores de tinta.

BNCC – Sigla de Base Nacional Comum Curricular, documento que regulamenta os conteúdos e as habilidades a serem trabalhados em cada ano da educação básica, seguido na elaboração de livros didáticos.

Boneco – Protótipo de uma publicação que reproduz o mais fielmente possível a impressão e o acabamento do produto final, para apresentação e aprovação. Também chamado de *boneca*.

Brainstorming – Técnica de dinâmica em grupo em que os participantes contribuem com ideias espontâneas e livres de julgamento, com o objetivo de resolver um problema criativo.

Briefing – Conjunto de instruções resumidas para orientar a criação de um projeto.

Brochura – Tipo de encadernação simples em que os cadernos são colados ou costurados na lombada de uma capa flexível. A maioria dos livros produzidos no Brasil são brochuras.

Bullets – Caracteres utilizados para marcar itens numa lista textual; marcadores.

Cabeço – Informação repetida no topo das páginas de um livro. Pode ser o título do livro ou do capítulo ou o nome(s) do(s) autor(es) e, no projeto gráfico, é utilizado para orientar a navegação na leitura.

Caderno – Grande folha de papel dobrada e refilada de modo a obter 4, 8, 16 ou 32 páginas e que, agrupada com outros cadernos, forma o miolo de uma publicação.

Caixa-alta – Letra maiúscula; termo abreviado pelos revisores como "CxA".

Caixa-baixa – Letra minúscula, abreviado como "Cxb".

Canoa – Tipo de encadernação simples em que a capa e as folhas da publicação são dobradas ao meio e fixadas por grampos de metal. É mais indicada para publicações econômicas e de poucas páginas, como gibis.

Capa dura – Capa de revestimento muito resistente, usada em edições mais caras ou especiais. Em inglês, *hardcover*.

Capa mole – Capa impressa em papel flexível (embora de gramatura superior à do miolo), para uma edição mais econômica. No mercado se utilizam também os termos em inglês *paperback* ou *softcover*. Também chamada de *capa flexível*.

Capitular – Letra no início de uma obra, um capítulo ou um parágrafo que apresenta maior dimensão e/ou desenho diferenciado do restante do texto. Também chamada de *letra capital*.

Cinta – Tira de papel que envolve a capa do livro, normalmente com informações promocionais. É bastante utilizada quando uma obra, por exemplo, ganha um prêmio, é adaptada para o cinema ou é adotada num vestibular.

Citação – Trecho de texto extraído, na íntegra, de outra fonte. Embora cada editora possa adotar um padrão, geralmente as citações curtas, com até três linhas de texto, são marcadas apenas por aspas, na mesma fonte e corpo do texto comum, enquanto as longas, com mais de três linhas, são apresentadas em parágrafo separado e estilo de projeto gráfico diferenciado (fonte um ponto menor, por exemplo).

CMYK – Sistema de impressão que utiliza as cores ciano, magenta, amarelo e preto (em inglês, *cyan*, *magenta*, *yellow* e *black*) para formar todas as outras. A letra "K" é abreviação de *key* (chave), pois, no processo, as outras chapas de impressão são alinhadas a partir da cor preta (Oliveira, 2002).

Cola – Acabamento em que os cadernos de uma publicação são colados uns aos outros para formarem o miolo. Por ser mais barata, é o indicada para edições econômicas ou brochura.

Colofão – Termo que se origina do grego *kolophon*, "final" (Houaiss; Villar; Franco, 2009). É um texto conciso que traz informações como a família tipográfica, o local e a data da impressão da obra. Apesar do nome, pode também ser inserido no início de uma obra, a depender do projeto gráfico.

Contracapa – Quarta capa.

Contraste – Oposição entre valores. No design de livros, pode ser obtido, por exemplo, ao se relacionarem elementos grandes com pequenos, pesos *light* com *bold*, fontes serifadas com outras sem serifa.

Corpo – Tamanho das letras; a distância medida desde a linha mais baixa das descendentes até a mais alta das ascendentes (por exemplo, do topo da letra "d" até a base da letra "q"). Quando diz respeito a uma publicação (corpo do livro), refere-se ao texto em si, excluindo-se os acessórios, como índices, prefácios e apêndices.

Corte frontal ou dianteiro – Corte (chamado de *refile*) realizado no sentido vertical das margens externas do miolo, que determina a face do livro oposta à lombada. Na parte de cima, é feito o corte superior e, na de baixo, o corte inferior.

Costura – Um dos acabamentos utilizados para unir, com uma linha resistente, os cadernos de uma publicação. É mais cara do que a cola ou o grampo, sendo indicada especialmente para publicações mais volumosas.

Cotejo – Ato de comparar duas versões de um texto. Acontece quando, por exemplo, o revisor coloca lado a lado a versão sem correções com a versão corrigida, para verificar se todos os pedidos foram aplicados.

CTP – Sigla referente ao segmento de livros científicos, técnicos e profissionais, que abrange as publicações destinadas a esse público.

Descendente – Parte do caractere que avança para baixo da linha de base, como na letra "q".

Didático – Livro utilizado, normalmente, em sala de aula e sob orientação do professor para a abordagem dos conteúdos regulares de uma disciplina e de sua fixação por meio de atividades.

Direito autoral – Direito que todo criador tem sobre uma obra intelectual. Divide-se em **direito patrimonial**, que se refere à exploração comercial e financeira da obra e pode ser negociado ou cedido, e **direito moral**, que é o de reivindicar a autoria da obra e é personalíssimo, ou seja, não pode ser transferido para outra pessoa ou empresa. Normalmente, sobre o projeto gráfico cabe somente o direito moral, enquanto o direito patrimonial é cedido à editora contratante.

Dobra – Etapa do acabamento em que se dobra a folha de papel impressa para que ela tenha as dimensões previstas para publicação, obtendo-se um caderno.

Dorso – Denominação tradicional para a lombada de edições de luxo, geralmente em capa dura e com o título gravado em dourado ou em baixo relevo.

DPI – Sigla de *Dots Per Inch*, medida de resolução impressa que representa o número de pontos impressos em uma polegada quadrada de papel. Normalmente, 300 DPI é o suficiente para uma impressão comercial de boa qualidade.

E-book – Abreviação de *electronic book*. Denominação genérica de um livro em formato digital, independentemente do formato de arquivo (PDF, ePub etc).

Edição bilíngue – Edição que apresenta o texto tanto em seu idioma original quanto no traduzido. Quanto ao projeto gráfico, costuma exigir soluções próprias, como dispor o original nas páginas pares e a tradução nas páginas ímpares.

Edição de bolso – Livro em formato pequeno, em geral de preço mais baixo e acabamento simples. Originalmente, foi inventada para caber no bolso de um casaco e poder ser usado em situações cotidianas, como na espera em filas e no deslocamento em transporte público. Utiliza-se também o termo original, *pocket book*.

Efeito calha – Efeito que ocorre nas margens internas de uma publicação, quando as folhas, unidas por cola ou costura, "engolem" uma área da página. Quanto maior for o número de páginas, maior será a área perdida e, portanto, maiores devem ser as margens internas do projeto gráfico.

Eme – Unidade tipográfica que mede a largura máxima de um caractere de determinada família – por convenção, a letra maiúscula "M". Numa fonte tipográfica, a largura M é sempre igual ao tamanho do corpo; assim, uma fonte tamanho 12 pt terá os mesmos 12 pt de largura. O travessão eme [—] é o maior dos traços e é chamado também de *quadratim* (Bringhurst, 2005).

Ene – Unidade tipográfica que equivale à metade de um eme, também conhecida como *meio quadratim*. O traço ene [–] é o mais utilizado no Brasil para a separação de termos ou orações no período.

Entrelinha – Espaço vertical entre a base de uma linha e a base da próxima linha abaixo. Conhecida também como *leading*.

Epígrafe – Citação de um trecho de outra obra que justifica ou introduz o texto. O autor pode optar por uma epígrafe geral para o livro como um todo e/ou por epígrafes individuais para capítulos, textos ou poemas em particular.

ePub – abreviação de *electronic publication*, o formato de livro digital mais utilizado nos *e-readers*, os dispositivos eletrônicos de leitura, ou nos *smartphones*.

Faca – Acabamento utilizado para criar cortes especiais (vazados, arredondados etc.) em materiais impressos.

Falsa folha de rosto – Comumente a primeira página do miolo, logo após a capa ou a guarda, que apresenta somente o título da publicação. Também chamada de *anterrosto*.

Ficha catalográfica – Ficha que contém os dados bibliográficos completos que servem para identificar, catalogar e localizar a obra num acervo. A ficha catalográfica tem um formato padronizado e deve ser elaborada, preferencialmente, por um profissional com registro no Conselho Regional de Biblioteconomia (CRB).

Ficha técnica – Lista que contém os créditos dos profissionais envolvidos numa publicação (diretoria e gerência, edição, revisão, capa, projeto gráfico, diagramação etc.).

Folha de rosto – Página que apresenta os dados essenciais da publicação (autoria, título, editora, local e data de publicação). Embora não seja regra, ela é comumente antecedida pela falsa folha de rosto. Também chamada de *frontispício*.

Fólio – Algarismo que, no projeto gráfico, marca a numeração da página.

Formato – Dimensões de uma publicação, tamanho.

Frontispício – Folha de rosto.

Gabarito (ou respostas) – Nos livros didáticos, são as respostas das atividades, impressas somente no livro do professor. É comum que sejam compostas em ciano e fonte pequena e que ocupem os espaços vazios, não interferindo na diagramação nem exigindo que se crie um *layout* alternativo.

Gramatura – Peso em gramas, por metro quadrado, de determinado papel. Baixas gramaturas, em torno 40 g/m² ou 50 g/m², são reservadas para publicações volumosas, como bíblias ou dicionários; os papéis de uso mais comum para miolo têm entre 70 g/m² e 90 g/m²; e gramaturas superiores a 240 g/m² têm resistência de cartão e são utilizadas para capas.

Grid – Estrutura geométrica delimitada por linhas horizontais e verticais com o objetivo de organizar e alinhar os elementos de texto e imagens. Também conhecido como *malha*, *grade* ou *grelha*.

Guarda – Folha dobrada, normalmente de papel mais encorpado do que o papel do miolo, utilizada para unir a capa ao miolo dos livros em capa dura. Pode ser feita de papel colorido ou receber a impressão de um design ou ilustração especial.

Hotsite – *Site* com poucas páginas (ou uma única) criado com o objetivo específico de divulgar um produto ou uma campanha.

Índice – Listagem alfabética do conteúdo de uma publicação, organizada por algum critério em particular. Normalmente, é inserido na parte pós-textual.

ISBN – Sigla de International Standard Book Number, código internacional que identifica publicações não periódicas, como os livros, segundo um padrão numérico. No Brasil, é atualmente regulado pela Câmara Brasileira do Livro.

ISSN – Sigla de International Standard Serial Number, código que identifica publicações periódicas, como revistas.

Kerning – Espaço horizontal entre dois caracteres. Pode ser ajustado oticamente para harmonizar encontros particulares de letras, como em "AV" ou "To".

Layout – Distribuição organizada dos elementos textuais e visuais num determinado espaço. Também pode ser utilizada a forma aportuguesada *leiaute*.

Linha órfã – Última linha de um parágrafo que fica isolada no topo de uma página ou coluna.

Linha viúva – Palavra que sobra, sozinha, na linha final de uma coluna ou página. Há uma regra tipográfica, mais clássica, segundo a qual a viúva é caracterizada como a linha que não alcança um sexto da largura total da coluna. Também chamada de *forca*.

Lombada – Parte da capa de um livro na qual se colam ou costuram os cadernos do miolo, oposta ao corte frontal. Nela se incluem informações como título, autoria e logotipo da editora. O mercado se divide, sem conclusão, entre a lombada europeia, em que o texto, quando o livro é posto em pé numa prateleira, se lê de baixo para cima, e a lombada americana, em que se lê de cima para baixo.

Mancha gráfica – Área da página ou tela ocupada pelo texto e pelas imagens de uma publicação, delimitada pelas margens.

Marcadores – *Bullets*.

Margem – Espaço vazio, nos quatro lados de uma página, entre a mancha gráfica e os limites da página. Um livro apresenta margens superior, inferior, externa e interna (ou superior, inferior, esquerda e direita, caso não haja páginas em duplas, como nos *e-books*).

Material de apoio – Material encartado nos livros didáticos e paradidáticos com conteúdos extras (mapas, ilustrações, passatempos, adesivos, atividades de recorte etc.) para serem explorados pelos alunos.

Medianiz – Espaço vertical vazio entre duas colunas. O termo pode se referir também à margem interna de um livro impresso.

Miolo – Páginas que formam o corpo de uma publicação, excluindo-se as capas. Normalmente, o trabalho de projeto gráfico se atém ao miolo.

Olho – Trecho pinçado do texto, destacado por meio de algum elemento de composição (localização na página, corpo de fonte, cor, ornamentos etc.). Refere-se também à página que antecede a página de rosto, apenas com o título do livro (falsa folha de rosto).

Orelha – Prolongamento da capa e da sobrecapa dobrada para dentro do livro. A orelha que se estende a partir da primeira capa é chamada de *primeira orelha*, e a que continua da quarta capa, de *segunda orelha*. Pode ser denominada também de *badana*.

Página dupla – *Layout* que leva em conta uma publicação impressa aberta e no qual se utilizam a página par e a ímpar. Também é empregado o termo em inglês *spread*.

Página ímpar – Página de número ímpar, também chamada de *página direita*. No sentido de leitura ocidental, é a página que ganha primeiro a atenção do leitor.

Página par – Página de número par, também chamada de *página esquerda*.

Papel revestido – Papel que recebe uma camada adicional de revestimento na fabricação, o que resulta numa superfície que permite maior qualidade de imagem e vivacidade de cores, como o *couché* e o duplex. Os papéis não revestidos, por outro lado, costumam ter a superfície mais irregular, sendo apropriados para leituras longas e escrita, como o *offset* e o pólen.

Paradidático – Livro utilizado como complemento para enriquecer o conhecimento ou as habilidades dos alunos. Geralmente, trata de temas específicos e é mais livre quanto à forma ou ao gênero literário.

Paratextos – Textos ou informações que acompanham o texto principal da obra. Podem ser desde informações curtas, como o(s) nome(s) do(s) autor(es) e o título, até textos maiores, como dedicatórias e prefácios; englobam também elementos visuais, como ilustrações e esquemas.

PDF – Sigla de *Portable Document Format*, tipo de arquivo criado pela Adobe para que qualquer usuário possa visualizar um documento sem que o *layout* seja perdido e sem que seja necessário instalar fontes ou o *software* utilizado pelo designer.

Peso – Termo que, em tipografia, de modo geral, refere-se à largura dos traços dos caracteres. Nas famílias tipográficas, as variações de peso são apresentadas em escala crescente, com as denominações em inglês *thin*, *light*, *regular* (ou *normal*), *bold*, *heavy*, *black* etc. É um importante recurso para o destaque de informações no texto.

Pixel – Ponto luminoso das telas eletrônicas que, junto a outros e em várias cores combinadas, forma as imagens digitais.

PNLD – Sigla de Programa Nacional do Livro Didático, programa do governo federal destinado a disponibilizar livros didáticos e paradidáticos de qualidade para as escolas públicas. Por serem compras de grandes tiragens e que movimentam grandes valores, as editoras empenham-se muito para qualificarem obras no programa.

Pocket book – Livro de bolso.

Policromia – Impressão na qual se utilizam quatro (comumente CMYK) ou mais cores de tinta.

Ponto – Unidade básica de medida tipográfica, utilizada para caracteres, entrelinhas e demais dimensões, equivalente a 1/72 de polegada. Nesse sistema, 12 pontos (pt) formam uma paica, e 6 paicas, uma polegada.

Pop-up – Livro em que as ilustrações, trabalhadas por um engenheiro de papel, "saltam" das páginas ao serem abertas.

Posfácio – Texto de apresentação, esclarecimento ou comentário que é inserido depois do texto, na parte pós-textual.

Pós-texto – Elementos e seções inseridos depois do texto principal da obra.

PPI – Sigla de *Points Per Inch*, medida de resolução digital que se refere ao número de *pixels* contidos em uma polegada quadrada de telas digitais.

Prefácio – Texto de apresentação, esclarecimento ou comentário que é inserido antes do texto, na parte pré-textual.

Pré-texto – Elementos e seções que antecedem o texto principal.

Primeira capa – Capa principal, a parte da frente do livro. Tem forte apelo publicitário e de *marketing*, por isso recebe atenção especial no processo de edição de uma obra.

Prova – Cópia impressa do material para avaliação, aprovação e, caso necessário, aplicação das últimas correções antes da impressão final. Ao designer normalmente cabe uma conferência mais visual da prova, em que se verifica se as imagens estão com resolução e cores corretas, se as as cores do projeto foram bem reproduzidas, se nenhum elemento foi distorcido etc.

Quadratim – Espaço eme.

Quarta capa – Parte oposta à primeira capa, a parte de trás do livro. Normalmente, é uma área na qual se inserem informações importantes para a venda (sinopse ou trecho de destaque da obra, opiniões de pessoas ou publicações especializadas, código de barras etc.). Também chamada de *contracapa*.

Refile – Corte linear feito nos materiais impressos para que todas as folhas que os compõem tenham rigorosamente as mesmas dimensões e o formato final pretendido.

Resolução – Número de pontos, impressos ou digitais, numa polegada quadrada de superfície. Quanto maior a concentração de pontos, mais nítida a imagem reproduzida. A resolução impressa é medida em DPI, e a digital, em PPI.

Retícula – Rede de pontos minúsculos, mais ou menos espaçados, utilizada em impressão *offset* para simular meios-tons. Num livro impresso em monocromia somente com tinta preta, por exemplo, o cinza é obtido com retículas.

Rodapé – Parte de baixo das páginas de uma publicação.

Sangra – Avanço da mancha gráfica, ou de algum elemento dela, de modo a vazar para além das linhas de corte. Também conhecida como *sangria*.

Segunda capa – Parte de trás da primeira capa, situada no interior de uma publicação.

Serifa – Traço que arremata a haste no desenho de certas letras. De modo geral, fontes serifadas conferem fluidez e conforto à leitura, enquanto as sem serifa se caracterizam pela simplicidade e pela objetividade.

Sobrecapa – Folha solta que envolve a capa do livro, mais comum em edições em capa dura. Embora a função primordial seja a de proteção, pode ser uma estratégia para adicionar informações ou criar efeitos de acabamento diferenciados.

Sumário – Seção da publicação que apresenta o conteúdo, enumerando títulos, subtítulos, partes, seções, capítulos etc. É normalmente inserido na parte pré-textual do volume. Não deve ser confundido com o índice.

Terceira capa – Parte de trás da quarta capa, situada no interior de uma publicação.

Tiragem – Quantidade de exemplares impressos de uma só vez em cada edição ou reimpressão da publicação.

Tracking – Espaçamento horizontal, aplicado de maneira uniforme, entre todos os caracteres de uma linha ou de um bloco de texto.

Tricromia – Impressão com três cores de tinta.

Versal – Letra – maiúscula (caixa-alta). É maior que a letra minúscula e ocupa desde a linha de base até a linha de ascendentes.

Versalete – Caracter maiúsculo desenhado para ter a mesma altura dos minúsculos. Também conhecido pelo termo inglês *small caps*.

Vinco – Processo de acabamento em que o papel – normalmente de gramatura mais elevada – recebe um sulco para tornar mais fácil e bem-feita a dobra do material.

REFERÊNCIAS

ABRAMOVICH, F. **Literatura infantil**: gostosuras e bobices. São Paulo: Scipione, 1997.

ALEPH. **Total Recall Aleph**. Disponível em: <https://editoraaleph.com.br/total-recall>. Acesso em: 6 out. 2021.

ARMSTRONG, H. (Org.). **Teoria do design gráfico**. São Paulo: Cosac Naify, 2015.

BORGES, J. L. **Entrevista concedida a Soler Serrano**. 1976. Disponível em: <https://www.youtube.com/watch?v=OE2EztkMX80>. Acesso em: 17 set. 2021.

BRASIL. Lei n. 9.610, de 19 de fevereiro de 1998. **Diário Oficial da União**, Poder Legislativo, Brasília, DF, 20 fev. 1998. Disponível em: <http://www.planalto.gov.br/ccivil_03/leis/l9610.htm>. Acesso em: 6 out. 2021.

BRASIL. Ministério da Educação. Fundo Nacional de Desenvolvimento da Educação. **Programas do livro**: sobre os programas do livro. Disponível em: <https://www.fnde.gov.br/programas/programas-do-livro>. Acesso em: 15 out. 2021.

BRINGHURST, R. **Elementos do estilo tipográfico**. 3. ed. São Paulo: Cosac Naify, 2005.

BRONSON-SALMON, L. P. **Illustrative Shorthand**. San Francisco, 1888. Disponível em: <https://archive.org/details/illustrativeshor00salmrich/page/76/mode/2up>. Acesso em: 16 out. 2021.

CARDOSO, R. **Uma introdução à história do design**. 3. ed. São Paulo: Blucher, 2008.

CBL – Câmara Brasileira do Livro; SNEL – Sindicato Nacional dos Editores de Livros; Nielsen Company. **Produção e vendas do setor editorial brasileiro**: ano base 2019. jun. 2020. Disponível em: <https://snel.org.br/wp/wp-content/uploads/2020/06/Produ%C3%A7%C3%A3o_e_Vendas_2019_imprensa_.pdf>. Acesso em: 17 set. 2021.

CHARLTON, E. Coronavirus Escapism: Book Sales Surge during Lockdown. **World Economic Forum**, 30 Apr. 2020. Disponível em: <https://www.weforum.org/agenda/2020/04/coronavirus-escapism-book-sales-surge-covid-19>. Acesso em: 17 set. 2021.

COSTA, M. M. da. **Metodologia de ensino da literatura infantil**. Curitiba: InterSaberes, 2013.

DIEP, F. Humans Can Only Distinguish between about 30 Shades of Gray. **Popular Science**, 19 Feb. 2015. Disponível em: <https://www.popsci.com/humans-can-only-distinguish-between-about-30-shades-gray>. Acesso em: 17 set. 2021.

DONDIS, D. A. **Sintaxe da linguagem visual**. 2. ed. São Paulo: M. Fontes, 1997.

EL LISSÍTZKI, L. M. Nosso livro. In: ARMSTRONG, H. (Org.). **Teoria do design gráfico**. São Paulo: Cosac Naify, 2015. p. 27-36.

FEBVRE, L.; MARTIN, H. J. **O aparecimento do livro**. 2. ed. São Paulo: Edusp, 2017.

FLUSSER, V. **O mundo codificado**: por uma filosofia do design e da comunicação. São Paulo: UBU, 2017.

FUNDAÇÃO DORINA NOWILL PARA CEGOS. Disponível em: <http://fundacaodorina.org.br>. Acesso em: 29 out. 2021.

FUSCO, R. de. **História do design**. São Paulo: Perspectiva, 2019.

GENETTE, G. **Paratextos editoriais**. São Paulo: Ateliê, 2009.

GOMES, L. **1808**: como uma rainha louca, um príncipe medroso e uma corte corrupta enganaram Napoleão e mudaram a História de Portugal e do Brasil. Rio de Janeiro: Globo, 2014. Edição Kindle.

HELLER, E. **A psicologia das cores**: como as cores afetam a emoção e a razão. São Paulo: G. Gili, 2012.

HENDEL, R. **O design do livro**. 2. ed. São Paulo: Ateliê, 2006.

HOLIS, R. **Design gráfico**: uma história concisa. São Paulo: M. Fontes, 2000.

HOLLIS, R. **Design gráfico**: uma história concisa. São Paulo: M. Fontes, 2000.

HOUAISS, A.; VILLAR, M. de S.; FRANCO, F. M. de M. **Dicionário Houaiss da língua portuguesa**. São Paulo: Objetiva, 2009.

HUSBAND, T. B. **The Art of Illumination**: the Limbourg Brothers and the Belles Heures of Jean de France, Duc de Berry. New York: The Metropolitan Museum of Art, 2008. Disponível em: <https://www.metmuseum.org/art/metpublications/The_Art_of_Illumination_The_Limbourg_Brothers_and_the_Belles_Heures_of_Jean_de_France_Duc_de_Berr>. Acesso em: 2 out. 2021.

IPL – Instituto Pró-Livro. **Retratos da leitura no Brasil**. 5. ed. 11 set. 2020. Disponível em: <https://prolivro.org.br/wp-content/uploads/2020/09/5a_edicao_Retratos_da_Leitura_no_Brasil_IPL-compactado.pdf>. Acesso em: 2 out. 2021.

JONATHAN Hoefler: design tipográfico. In: ABSTRACT: the Art of Design. Produção: Sam Lacroix. EUA: Netflix, 2019. 44 min. Seriado. Temporada 2, Episódio 6. Tradução de Soraya Mareto Bastos.

JUSTO, T. C. T. **Diagramação**: fundamentos e técnicas. São Paulo: Senai-SP, 2017. Edição Kindle.

LISPECTOR, C. **Para não esquecer**. Rio de Janeiro: Rocco, 1999.

LUPTON, E.; MILLER, J. A. (Org.). **O ABC da Bauhaus**: a Bauhaus e a teoria do design. São Paulo: G. Gili, 2019.

MARINETTI, F. T. Manifesto futurista. In: ARMSTRONG, H. (Org.). **Teoria do design gráfico**. São Paulo: Cosac Naify, 2015. p. 21-23.

MARTINS FILHO, P. **A arte invisível ou a arte do livro**. 2. ed. São Paulo: Ateliê, 2008.

MEGGS, P. B.; PURVIS, A. W. **História do design gráfico**. 4. ed. São Paulo: Cosac Naify, 2009.

MELLO, C. H. de; RAMOS, E. **Linha do tempo do design gráfico no Brasil**. São Paulo: Cosac Naify, 2011.

MENDONÇA JÚNIOR, M. Curiosidade: você sabe o que é um pangrama? **Jr. Mendonça**, 21 nov. 2014. Disponível em: <http://blog.jrmendonca.com.br/curiosidade-voce-sabe-o-que-e-um-pangrama>. Acesso em: 15 out. 2021.

MOORE, A. **Do Design**: Why Beauty Is Key to Everything. London: The Do Book Company, 2016. Edição Kindle.

MORRIS, W.; PIQUEIRA, G. (Ed.). **Sobre as artes do livro**. São Paulo: Ateliê, 2020.

MÜLLER-BROCKMANN, J. **Sistema de grelhas**: um manual para designers gráficos. 3. ed. Barcelona: G. Gili, 2012.

MULSER, J. Aprenda a usar celular e computador sem agredir a visão. **Portal da Oftalmologia**, 7 ago. 2019. Disponível em: <http://www.portaldaoftalmologia.com.br/noticias/3224-aprenda-a-usar-celular-e-computador-sem-agredir-a-vis%C3%A3o>. Acesso em: 10 out. 2021.

MUNARI, B. **Design as Art**. London: Penguin, 2008.

NERY, C. PIB cresce 1,1% e fecha 2019 em R$ 7,3 trilhões. **Agência IBGE Notícias**, 4 mar. 2020. Disponível em: <https://agenciadenoticias.ibge.gov.br/agencia-noticias/2012-agencia-de-noticias/noticias/27007-pib-cresce-1-1-e-fecha-2019-em-r-7-3-trilhoes>. Acesso em: 17 set. 2021.

OLIVEIRA, M. **Produção gráfica para designers**. Rio de Janeiro: 2AB, 2002.

PATER, R. **Políticas do design**: um guia (não tão) global de comunicação visual. São Paulo: UBU, 2020.

PERROTA, I. **Tipos e grafias**. Rio de Janeiro: Viana & Mosley, 2005.

PIAGET, J. **Seis estudos de psicologia**. 25. ed. Rio de Janeiro: Forense, 2011.

PINSKY, J. **As primeiras civilizações**. São Paulo: Contexto, 2012. Edição Kindle.

PINSKY, J. O livro, esse subversivo! **Correio Braziliense**, 2006. Disponível em: <http://www.jaimepinsky.com.br/site/main.php?page=artigo&artigo_id=283>. Acesso em: 17 set. 2021.

RÓDTCHENKO, A.; STEPÁNOVA, V.; GAN, A. Quem somos: manifesto do grupo construtivista. In: ARMSTRONG, H. (Org.). **Teoria do design gráfico**. São Paulo: Cosac Naify, 2015. p. 23-26.

ROVELLI, C. **Seven Brief Lessons on Physics**: The Architecture of the Cosmos. Disponível em: <https://www.sevenbrieflessons.com/the-architecture-of-the-universe>. Acesso em: 17 set. 2021.

SAINT-EXUPÉRY, A. de. **O pequeno príncipe**. Rio de Janeiro: HarperCollins, 2018.

SAMARA, T. **Grid**: construção e desconstrução. São Paulo: Cosac Naify, 2007.

SCORTECCI, J.; PERFETTI, M. E. M. **Guia do profissional do livro**: informações importantes para quem quer escrever e publicar um livro. 17. ed. São Paulo: Scortecci, 2016. Edição Kindle.

SMITH, A. R. **Curriculum Vitae**: Software. Disponível em: <http://alvyray.com/Bio/BioCV.htm#Software>. Acesso em: 15 out. 2021.

SMITH, R. Even the Egalitarian Bauhaus Had a Hausfrau Tendency. **The New York Times on the Web**, 2 June 2000. Disponível em: <https://archive.nytimes.com/www.nytimes.com/library/arts/060200art-bauhaus.html>. Acesso em: 17 set. 2021.

TSCHICHOLD, J. **A forma do livro**: ensaios sobre tipografia e estética do livro. São Paulo: Ateliê, 2007.

UNESCO – United Nations Educational, Scientific and Cultural Organization. **Recommendation Concerning the International Standardization of Statistics Relating to Book Production and Periodicals**. 19 Nov. 1964. Disponível em: <http://portal.unesco.org/en/ev.php-URL_ID=13068&URL_DO=DO_TOPIC&URL_SECTION=201.html>. Acesso em: 17 set. 2021.

UNIVERSITY OF VIRGINIA LIBRARY. Digital Production Group. **Volvelles in the McGregor Library**. 29 July 2014. Disponível em: <https://dcs.library.virginia.edu/2014/07/29/volvelles>. Acesso em: 8 out. 2021.

W3C – World Wide Web Consortium. Disponível em: <https://www.w3.org>. Acesso em: 8 out. 2021.

WHITE, J. V. **Edição e design**: para designers, diretores de arte e editores – o guia clássico para ganhar leitores. São Paulo: JSN, 2006.

WISCHENBART, R. et al. **Global eBook**: a Report on Market Trends and Developments. Graz: Rüdiger Wischenbart Content & Consulting, 2017.

RESPOSTAS

CAPÍTULO 1

Questões para revisão
1. d
2. a
3. c
4. É possível apontar alguns acontecimentos-chave, como o desenvolvimento de novas máquinas para impressão (até então havia ocorrido pouca mudança desde a época de Gutenberg), a especialização do trabalho, a invenção da fotografia e a massificação e despersonalização da produção.
5. Em virtude da proibição da Coroa portuguesa, o Brasil não tinha,
6. até então, nenhuma livraria. O acesso aos livros era profundamente elitizado, reservado somente a quem pudesse trazê-los de outros países.

CAPÍTULO 2

Questões para revisão
1. b
2. e
3. c
4. Podemos citar, entre outras características, que o quadrado inspira estabilidade, segurança e firmeza; que o triângulo é dinâmico, instável e jovial; e que o círculo é acolhedor, sábio e confortável.
5. É possível identificar algumas questões trabalhadas pelos modernistas e ainda muito presentes hoje, como a união de imagens e palavras, a abstração, a "transmidialidade" e a universalidade do design (ainda mais em tempos de globalização).

CAPÍTULO 3

Questões para revisão
1. b
2. d
3. d
4. Os algarismos versais – também chamados de *modernos*, *titulares*, *alinhados* ou *bodonianos* – têm desenho mais uniforme e alinham-se todos pelo topo na linha de

versais, enquanto os de texto – também denominados de *antigos* ou *elzeverianos* – são mais variáveis na altura, flutuando entre as linhas de ascendentes e descendentes. Os versais harmonizam-se melhor com maiúsculas versais, e os de texto, com versaletes.

5. Para marcar visualmente a hierarquia de informações, é possível utilizar diferentes pesos e tamanhos de corpo de fonte, dispor os elementos em diferentes locais na página, aplicar cores ou contraste, utilizar ornamentos, entre outras estratégias.

organização lógica, a harmonia e o refinamento visual e a padronização do trabalho no caso de diferentes profissionais atuarem na criação de um livro ou de uma coleção.

5. A proporção áurea é uma regra estudada desde a Antiguidade clássica, sendo encontrada em quase todos os elementos naturais, como no formato e no posicionamento das pétalas de uma flor. Pode-se, portanto, assumir que projetos de design criados nessa mesma razão replicam em si as regras da natureza, resultando em harmonia estética.

CAPÍTULO 4

Questões para revisão

1. a
2. b
3. d
4. Entre as vantagens de se adotar um *grid* no projeto gráfico, podemos citar o favorecimento da leitura por meio de uma

CAPÍTULO 5

Questões para revisão

1. e
2. e
3. d
4. As escolher fontes para um livro, o designer pode considerar, além do aspecto visual em si, fatores como as necessidades

especiais do texto (por exemplo, livros de ciências exatas que tenham fórmulas), o público-alvo, o contexto histórico da fonte e o aproveitamento de espaço.

5. Nessa verificação, o designer deve estar atento a detalhes como a correta aplicação dos estilos de parágrafos, a existência de alguma fonte ou cor "intrusa", a ocorrência de linhas viúvas ou órfãs, a resolução e o sistema de cor das imagens utilizadas, a aplicação de sangras, entre outros.

CAPÍTULO 6

Questões para revisão

1. a
2. c
3. b
4. Entre as questões a serem cobertas pelo *briefing*, é possível citar: título e autor da obra; público ao qual a obra se destina; presença de imagens; definições de acabamento (formato, tipo de impressão, número de cores etc.); preferências ou restrições da editora. Além disso, o designer deve solicitar uma amostra do texto e combinar prazos, métodos de trabalho e detalhes referentes ao pagamento.

5. Os estouros ocorrem quando há mais conteúdo (textos ou imagens) previsto no original do que uma página diagramada pode comportar. Já os buracos acontecem quando falta conteúdo e resta um espaço em branco na página. O diagramador pode tentar resolver esses problemas com algumas estratégias, como ajustar a área da mancha, aumentar ou diminuir espaçamentos ou entrelinhas e manipular imagens. Porém, caso isso não seja possível, é necessário comunicar a situação aos setores editoriais, para que providenciem um ajuste do conteúdo.

SOBRE O AUTOR

Bruno Palma e Silva é *Master of Business Administration* (MBA) em *Book Publishing* pela Labpub Educação e bacharel em Design Gráfico pela Universidade Federal do Paraná (UFPR). Atua no setor editorial desde 2005 como designer e produtor editorial, tendo iniciado a carreira na então Editora Ibpex, hoje InterSaberes. Já participou, como projetista, capista ou diagramador, da publicação de centenas de títulos didáticos, técnicos e literários.

Como escritor, publicou *Essas pequenas ocasiões que nos fazem quem somos* (Hum. Publicações, 2018, obra selecionada para o Programa Nacional do Livro Didático – PNLD Literário de 2018) e *O patinho feio* (no prelo). Também participou da coletânea de contos *Dias felizes* (Editora Mestre Sala, 2019), além de ter publicações em revistas literárias.

Esteja à vontade para entrar em contato com o autor pelo Twitter, pelo Instagram ou pelo Facebook: @palmaesilva

Os papéis utilizados neste livro, certificados por instituições ambientais competentes, são recicláveis, provenientes de fontes renováveis e, portanto, um meio responsável e natural de informação e conhecimento.

FSC
www.fsc.org
MISTO
Papel produzido a partir de fontes responsáveis
FSC® C103535

✽

Os livros direcionados ao campo do Design são diagramados com famílias tipográficas históricas. Neste volume foram utilizadas a **Baskerville** – desenhada pelo inglês John Baskerville em 1753, que inovou trazendo floreios da caligrafia para a tipografia – e a **Futura** – lançada pelo alemão Paul Renner em 1927 em harmonia com os ideais da Bauhaus.

Impressão: Reproset
Maio/2023